FRIEDRICH EBERT STIFTUNG Diese Publikation wurde durch einen Beitrag der FES unterstützt

U0712070

税收的公法规范

SHUISHOU DE GONGFA GUIFAN

谢立斌 主编

中国政法大学出版社

2022·北京

图书在版编目（ＣＩＰ）数据

税收的公法规范/谢立斌主编. —北京：中国政法大学出版社，2022.5
ISBN 978-7-5764-0432-6

Ⅰ.①税… Ⅱ.①谢… Ⅲ.①税法－中国－文集Ⅳ.①D922.220.4-53

中国版本图书馆 CIP 数据核字（2022）第 089702 号

出 版 者	中国政法大学出版社
地　　址	北京市海淀区西土城路 25 号
邮寄地址	北京 100088 信箱 8034 分箱　邮编 100088
网　　址	http://www.cuplpress.com（网络实名：中国政法大学出版社）
电　　话	010-58908285(总编室) 58908433 （编辑部）58908334(邮购部)
承　　印	固安华明印业有限公司
开　　本	880mm×1230 mm　1/32
印　　张	6.5
字　　数	152 千字
版　　次	2022 年 5 月第 1 版
印　　次	2022 年 5 月第 1 次印刷
定　　价	39.00 元

目 录 contents

纳税人和国家关系的宪法建构 ……………… 苗连营/001

税法中的平等保护 ……………… [德] 罗伯托·巴尔托诺/017

法律保留及其在税法中的

意义 ……………… [德] 克丽丝蒂娜·施玛尔茨/030

再论税收法定原则及其在我国的落实

　　　——基于意大利强制性财产给付法定

　　　原则的研究 ……………… 翁武耀/043

税收法定原则比较研究

　　　——税收立宪的角度 ……………… 翟继光/089

税负与财产保护 ……………… [德] 赖因哈特·盖尔/107

宪法上征收规范的效力是否及于征税：

一个比较法的观察 ……………… 刘连泰/116

个人所得税作为财产权限制

　　　——基于基本权利教义学的初步考察 ……………… 张翔/136

国家征税的宪法界限

　　　——以公民的私有财产权为视角 ……………… 陈征/157

房地产税的宪法学思考

　　　——以宪法财产权为核心 ……………… 谢立斌/182

纳税人和国家关系的宪法建构

苗连营[1]

内容摘要： 在宪法学的观念体系中，税收的合法性以人民的同意为最终依归，人民既是国家税权的终极来源，也是国家创建税制的出发点和归宿，而这样一种政治理念的制度安排就是税收法定。在各种各样的宪法关系中，公民财产权与国家征税权之间的关系具有基础性和决定性的意义，二者之间对立统一的矛盾运动直接演绎着人类政治文明的演变进程。理性分析我国宪法有关税收问题之规定，实现从税定于法向税定于宪的跨越，是完善税收法律体系、推进税收法治建设的一项重要工作。

关键词： 税收 宪法关系 税收法定 税定于宪

2015 年 8 月初，最新调整过的十二届全国人大常委会立法规划将备受关注的房地产税法列为第一类项目，即"条件比较成熟、任期内拟提请审议的法律草案"。这既是"加快房地产税

---

[1] 苗连营，任职于郑州大学法学院、郑州大学宪法与行政法研究中心。本文系国家社会科学基金项目"依宪治国重大理论和实践问题研究"（批准号：15AFX007）和河南省"四个一批"人才项目"财政宪法问题研究"的阶段性成果。本文于 2005 年完成。

立法"、落实税收法定原则的重要举措，也是对于社会各界对房地产税极度关切的回应。长期以来，人们对房地产税寄托着诸多期许，如认为房地产税可以有效抑制房地产市场的投资投机行为，健全房价形成机制，有助于促进房地产市场健康理性地发展；可以合理调节财富分配，避免社会资源浪费，有助于实现社会公平正义；可以稳定增加地方政府的财政收入，缓解地方财政压力，有助于地方政府提供更好的公共产品和服务等。

一、税收首先体现的是纳税人和国家的宪法关系

税收是一项古老的国家行为，不同的规则设计、制度建构、运作实践能带来不同的甚至是截然相反的社会效果。太平盛世的壮丽辉煌与腥风血雨的兵连祸结，莫不与税收问题息息相关。从此意义上讲，税收确实是一门学问很大的艺术，是一门统治的艺术、治国安邦的艺术，体现着一个国家的治理能力和水平，甚至关乎着政权的安危和国运的兴衰。然而，这门"艺术"究竟发挥哪个方面的能量，呈现怎样的社会效果，则首先取决于隐藏于其后的政治哲学理念，取决于对人民和政府之间关系的不同认识和定位。

在任何一种国家形态中，政治统治都必须"以执行某种社会职能为基础，而且政治统治只有在它执行了它的这种社会职能时才能持续下去"〔1〕。可以说，为了维持国家的生存和运转，为了建立某种基本的社会秩序，税的存在都是必不可少的，"赋税是政府机器的经济基础"〔2〕，"国家存在的经济体现就是捐

---

〔1〕 中共中央马克思恩格斯列宁斯大林著作编译局编译：《马克思恩格斯选集》（第 3 卷），人民出版社 1995 年版，第 523 页。

〔2〕 中共中央马克思恩格斯列宁斯大林著作编译局编译：《马克思恩格斯全集》（第 19 卷），人民出版社 1963 年版，第 32 页。

税"〔1〕。然而，在绝对专制主义时代，征税的主导权、决定权完全操之于统治者之手，向谁征、征多少、怎么征，都有很大的随意性、专断性和强制性；纳税人只不过是征税权的客体，除了被迫承担各种各样的徭役赋税外，在税收关系中毫无讨价还价、利益博弈的空间，更遑论主张权利、监督权力了，征纳双方之间根本不存在对等的权利义务关系。而横征暴敛、苛捐杂税往往成为社会动荡甚至改朝换代、暴力革命的导火索。开明的君主也许会体恤民生、轻徭薄税。这当然是高水平的统治艺术，其对天下太平和民众的休养生息的确具有积极意义。

当人类走出中世纪的漫漫长夜而迎来近代宪法文明的曙光时，人民与国家之间的关系发生了彻底的逆转，专制王权、神权的绝对权威被坚决排除。人民主权、契约自由被奉为分权制衡、法治精神从思想启蒙进入政治现实，主体意识、权利本位、自由平等的价值观使"人"获得了神圣的宪法地位与尊严；人民是国家权力的本源，政府的正当权力来自于人民的同意，并以保障人民权利为其存在和运行的根本目的。同样，在税收关系中，国家征税的权力、用税的权力均来自于人民、受制于人民，并以人民的利益为出发点和归宿，人民和国家之间的关系首先体现为纳税人与国家之间的宪法关系。税收关系的基本样态以及税收的性质与功能也由此发生了根本性的变化。

1. 征税必须得到人民的同意

在立宪主义国家中，人民作为主权者而享有终极意义上的财政权，国家不过是经人民授权或委托而管理财政。因此，人民的同意是税收存在和运行的合法性基础与前提，未经人民或

---

〔1〕 中共中央马克思恩格斯列宁斯大林著作编译局编译：《马克思恩格斯全集》（第 4 卷），人民出版社 1963 年版，第 342 页。

其代表同意，国家不得征税。"诚然，政府没有巨大的经费就不能维持，凡享受保护的人都应该从他的产业中支出他的一份来维持政府。但是这仍须得到他自己的同意，即由他们自己或他们所选出的代表所表示的大多数的同意。因为如果任何人凭着自己的权势，主张有权向人民征课税赋而无需取得人民的那种同意，他就侵犯了有关财产权的基本规定，破坏了政府的目的……未经人民自己或其代表同意，决不应该对人民的财产课税。"〔1〕在代议民主制中，这种"同意"往往通过体现人民意志的法律得以表达，通过代议机关经过民主程序的合意过程而完成。而且，人民所同意的税收还必须用于人民所同意的支出，民主化的财政预算制度和监督机制就是要确保公共财政的支出、使用和分配获得人民的认同。

2. 税收必须用于满足人民的需要

为何要课征税收，其正当根据是什么，这是在税收的历史上很早就一直阐述的问题。它与如何看待国家的本质，具有十分密切的联系。〔2〕税收的正当性取决于税收目的的正当性，而税收目的与国家目的具有一致性。在自由主义国家理念中，虽然个人幸福的实现主要依赖于个人奋斗的市场竞争法则，人们并不希望国家有多大作为，甚至认为管得最少的政府就是最好的政府，但是提供基本的公共服务仍然是政府不可推卸的责任，建立政府的目的就在于保障人的不可剥夺、不可转让的生命权、自由权、财产权和追求幸福的权利。随着福利国家的出现，国家更是成为推动经济发展、有效配置资源、公平分配财富、实

---

〔1〕 ［英］洛克：《政府论》（下篇），叶启芳、瞿菊农译，商务印书馆1964年版，第88、89页。

〔2〕 参见［日］金子宏：《日本税法原理》，刘多田等译，中国财政经济出版社1989年版，第15页。

现和促进人权的基本力量；国家不再是简单地承担着维持社会秩序和安宁、提供国防外交服务的"守夜人"角色，而是要积极有效地干预经济社会生活、增强国家实力、增进社会福利；基本人权不再局限于传统的消极权利和自由而是扩展至劳动权、受教育权、社会保障权等领域，生存照顾和福利保障不是对公民的恩赐而是国家应尽的责任。而无论是夜警国家还是全能型政府，税收的目的就在于满足国家向人民提供公共产品和服务的需求。

3. 税权必须受到人民的监督

税权如果失范或滥用，必将动摇国家政权的合法性基础，并对人民的财产权和其他权益造成巨大伤害。[1]对税权进行规范和制约是任何一种宪法体制都极为关注的事情。事实上，自议会制诞生以来，分权与制衡在宪法上的重要体现就是财政税收领域的分权制衡，体现为税的设定权、执行权、监督权在不同国家机关以及中央和地方之间匠心独具、极其复杂的纵横配置与相互制约；所有的税收权力行为都必须基于法律的明确规定而行使，都要受到人民代表机关立法的规制与调整。在现代社会，人民更是通过各种途径和形式直接参与和监督财政权力的运行，财政程序的公开与透明、财政决策的民主化机制，为

---

〔1〕 作为一项国家权力，宪法学意义上的税权应该包括税收立法权、税收行政权和税收司法权等内容。但是，税收司法权同样应当遵循一般的司法原理和规则，与普通司法过程相比并无独特之处，因此，任何对司法问题的讨论自然都适用于税收司法问题。实际上，宪法学和经济学所关注的税权主要是税收立法和税收执法的问题，涉及税收的性质、功能、价值取向、制度建构，以及税的开征、停征、免征、追征、稽查、处罚、强制执行、税务登记、税额核定、申报或核准、税务检查等税收征收、税务管理等事项。在此意义上，税权和征税权可以重合使用，本文对这两个概念基本上也是在同一意义上使用的，只是为了行文的方便而在不同场合分别使用这两个不同的表述而已。

人民对税收权力的监督提供了可能；司法救济、行政救济为公民对抗税权的不法侵害提供了制度保障；宪法对公民财产权的保障划定了国家税收权力不可逾越的范围和边界，公民权利意识的觉醒和捍卫自身财产权益所作的努力筑起了一道防范税收权力滥用的观念和行动屏障。

总之，现代国家的税收理念突出了"人民"在整个税收过程中的主体地位和关键作用，无论是税之成立、税之目的、税之使用，都以人民为依归，从而彻底扬弃了历史上"皇粮国税"模式下的命令服从关系，矫正了传统税收理论中强制性和无偿性的偏颇，也超越了公共产品"价格"的经济学局限，浓缩着人民主权、权利保障、权力制约、法律至上的宪法精神。弘扬现代税收理念，对于强化公民的主体意识、契约精神和法治观念，对于建设法治国家、法治政府和法治社会具有先导性和基础性的意义。

二、税收法定是体现纳税人与国家宪法关系的制度结晶

在宪法学的观念体系中，国家税权的合法性以人民的同意为最终依归，税收的目的和国家的目的都以人权为根本价值追求。但在经济学理论中还有另一种论证逻辑，即把税收的本质看作是政府和纳税人之间的利益交换，认为税收是人们消费和享受国家提供的公共产品而支付的价格费用；作为国家提供的公共服务和公共产品，由社会成员私人享受，国家由此而付出的费用也就必须由社会成员通过纳税来补偿，从而税收也就具有了公共产品"价格"的性质。[1]这一学说将商品交换法则引

---

〔1〕 参见刘剑文等："新《征管法》在我国税法学上的意义"，载《税务研究》2001 年第 9 期；参见张馨：《公共财政论纲》，经济科学出版社 1999 年版，第 232 页。

入财政税收理论，把社会成员为了自己享受公共产品而付费的现象看作是市场等价交换行为在公共财政领域中的反映，具有逻辑上的自洽性和直观上的可信性，但不能深刻揭示现代税收所蕴含的独特的宪法价值和意义。

如前所述，任何社会的统治者都要履行一定的社会职能并提供一些最基本的社会服务，因此任何社会的税收都具有购买公共产品和服务的性质。把税收的功能界定为主要是为了解决公共产品的供给问题，未能说明现代税收的本质，未能揭示民主法治时代税收与专制独裁时代税收的根本区别。

即使把君主体制下的税收定性为不平等利益交换甚至是掠夺，也不能简单地推论认为民主体制中的税收是政府和纳税人之间进行平等利益交换的市场行为。因为，在通常情况下是无法查明某一纳税人所纳之税甚至其承担的某一具体税负用于实现哪一项国家任务的；原则上也不得要求某一纳税人所纳之税专门用于完成某一特定国家任务。这主要是为了保持纳税人与国家任务之间的距离，避免在纳税人与未来国家给付相对人之间建立关联；公民对国家任务的影响力不得取决于其纳税多少，国家给付也不应当受纳税人纳税额度的影响和干扰。[1]如果将纳税人与政府的关系看作是公共产品的交易买卖关系，那就可能导致谁交的税多，谁就应该获得更多的公共产品和服务，谁就应该对公共政策有更多的发言权和影响力，这显然是与现代民主法治理念格格不入的，商品交换的等价法则并不能适用于现代公共财政领域。

把税收当成是纳税人享受公共服务的价格费用的最大问题

---

〔1〕 参见陈征："国家征税的宪法界限——以公民私有财产权为视角"，载《清华法学》2014 年第 3 期。

是没有触及税收的合法性问题。而在宪法逻辑中，税收的合法性就在于人民的同意、人民的授权、人民的福祉；人民既是国家税权的终极来源，也是国家创建税制的出发点和最终归宿。而这样一种政治理念的制度安排就是税收法定。

税收法定主义，简单地说就是税定于法，是指征税和纳税均需依据法律的明确规定而进行。其具体内容主要包括：（1）各项税收权力的存在、配置和行使，包括税收设定权、国家征税权、税款收益权等，都必须有明确法律依据，任何主体都不得享有法律之外的税收权力。（2）各种税制要素，如税种、纳税人、征税对象、计税依据、税率、征税程序等，都应当由法律加以明确规定。（3）各个税收环节，包括税收的立法、司法、执法等，都必须严格按照法律规定的正当程序进行。（4）纳税人的纳税义务基于法律的明确规定而存在并依照法律的规定而予以履行，任何人都不应承担法律之外的纳税义务。

税收法定之"法"专指人民代表机关所立之"法"。在民主政体中，关于税收方面的立法权一般都保留在由人民直接或间接选举产生的代议机关手中，征税、纳税、用税等事项都应当以法律形式明确加以规定；由人民的代议机关对税收进行立法，就使得"人民同意"有了现实的制度依托；经过民主程序由代议机关所制定的法律是人民意志的体现，依据法律的规定征税也就是依据人民的意志征税，得到议会授权也就是间接得到了人民的授权。所以，税收法定主义是人民主权原则在税收领域的表达形式。

税收法定主义的主旨在于对税收权力进行规范和制约。在现代社会，虽然税收是国家财政收入的主要来源，是国家向社会提供公共产品的物质基础，但它毕竟是社会财富的再分配，是私人经济利益向公共部门的强制和无偿转移，构成了对公民财产权的限制或剥夺。税收行使不当必然会造成对个人权利和自由的侵犯，以及对社会公平正义的损伤，尤其是在国家职能不断膨胀、财政支出日益增多的情况下，政府扩大税收的冲动和欲望更为强烈，税收权力失范和滥用的危险性也就更大。哈耶克提醒人们："在税收这个领域，政府政策的专断趋势，要比在其他领域更为凸显。"[1]为此，用法律把税权关进制度的笼子里，便成为法治国家的必然选择和基本标志。

我国于 2015 年 3 月修改通过的《中华人民共和国立法法》（以下简称《立法法》）明确规定，税种的设立、税率的确定和税收征收管理等税收基本制度方面的事项只能制定法律。据此，税收只能由全国人大及其常委会制定的法律规定，行政法规、地方性法规和规章均不得新设或改变税种开征、停征和税收征收管理等基本制度，这标志着税收法定原则在我国的正式确立，开启了我国税收法治建设的新航程。接着，全国人大常委会制定、中共中央审议通过的《贯彻落实税收法定原则的实施意见》对"落实税收法定原则"作出了进一步明确具体的部署安排，规划了科学周密的路线图和时间表，并要求力争在 2020 年前完成落实税收法定原则的改革任务。[2]这说明税收法定不再仅仅是一个抽象的法律原则，而将成为生动的法治实践。近期公布的调整后的十二届全国人大常委会立法规划将环境保护税法、增值税法、资源税法、房地产税法、关税法、船舶吨税法、耕地占用税法、税收征收管理法（修改）等 8 部税收方面的法律同时列入第一类立法项目，更是表明我国税收法定的

---

〔1〕 ［美］弗里德利希·冯·哈耶克：《自由秩序原理》（下册），邓正来译，生活·读书·新知三联书店 1997 年版，第 72 页。

〔2〕 参见"人大立法规划大调整　房地产税法定路线细化"，载《21 世纪经济报道》2015 年 8 月 11 日，第 7 版。

进程走上了快车道。

在整个税权体系中，税收立法权具有基础性和原创性意义，它直接决定着税权的性质、结构、制度设计和实施过程，是进行税收征收和税务管理等各项税收执法活动的前提和依据；税收行政权和税收司法权都必须附随于税收立法权而存在和运行，并从税收立法权中寻找其正当性根源。税收法定原则的实质与核心正是对税收立法权的归属所作的特别强调和宣示，其不仅是一个国家立法体制的重要内容，更关乎着纳税人与国家之间关系的宪法定位。因此，许多国家一般首先从宪法的高度对税收法定主义加以规定或体现，然后再延伸辐射到低位阶的税收立法以及具体的税收执法和司法过程之中。即便是没有明文规定税收法定主义的国家，释宪者们也往往通过对宪法解释，从人民主权、宪法基本权利、权力分立等规定中推演出相关的内涵，以显示其与世界税法发展步伐的一致性。[1]因此，客观分析我国宪法有关税收问题之规定，是理性建构和完善税收法律体系、推进税收法治建设的基础性工作。

三、从税定于法到税定于宪是税收法治的内在要求

在现代税收国家，宪法政治的内容归根结底表现为如何征收租税和使用租税。人民的生活、人权与和平基本上都由征收和用税的方法决定，这一点也不夸张。[2]可以说，在各种各样的宪法关系中，公民财产权与国家征税权之间的关系始终具有基础性和决定性意义。财产权是公民的一项基本宪法权利，是

---

〔1〕 参见刘剑文、熊伟：《税法基础理论》，北京大学出版社 2004 年版，第 103 页。

〔2〕 参见［日］北野弘久：《纳税者基本权论》，陈刚、谭启平等译，重庆大学出版社 1996 年版，第 1 页。

公民安身立命之依托，而征税权则是国家的一项重要政治经济权力，是国家存续发展之基础。财产权既是征税权赖以存在的前提，又是对征税权的制约；征税权既是财产权现实的或潜在的威胁，又是财产安全和经济自由的保障。二者之间是对立统一的矛盾运动，不仅直接演绎着人类政治文明的发展进程和基本规律，也关乎着人民的切身利益和国家的长治久安。可以说，"在一个现代国家，税收是人民和政府关系最根本的体现"〔1〕，是描述和架构整个宪法规范体系及观念体系的核心要素与基本范畴之一。

纵观人类社会的发展史，税收问题是许多国家宪法的重要内容，催生了民主法治理念和制度的落地生根。1215 年的《英国大宪章》规定，未经王国大会议的同意，国王不得向直属附庸征派补助金和盾牌钱；王国内不可征收任何兵役、免除税或捐助，除非得到本王国一致的同意等。这些条款成为后世"无代表权不纳税"以及议会财政权之滥觞，并体现了王在法下的宪法理念。1689 年"光荣革命"胜利后，英国国会制定的《国民权利与自由和王位继承宣言》重申"国王不经国会同意而任意征税，即为非法"，从而正式确立了近代意义的税收法定主义。在因印花税、茶叶税而点燃的北美独立战争中所产生的《独立宣言》，指责宗主国的一大罪状就是"未经我们同意，任意向我们征税"；1787 年制定的《美国宪法》特别强调，一切征税议案应首先在众议院提出，国会有权征税。1789 年，法王路易十六为了筹措税款而不得已召开的三级会议成为引发大革命的导火索。之后制定的《人权和公民权宣言》对人民财产权

---

〔1〕 "在一个现代国家，税收是人民和政府关系最根本的体现——访天津财经大学财政学科首席教授李炜光"，载《南方周末》2012 年 3 月 8 日，第 B10 版。

的保护同样隐含着对征税权的限制。此后不同时期所制定的宪法大多都对税收问题有明确规定，甚至专设"财政"章节。例如，《德意志联邦共和国基本法》设有"财政"专章，详细规定了费用的分摊、财政援助、税收立法及分摊、财政平衡、财政管理、联邦和各州的财政关系等。《法兰西第五共和国宪法》第 34 条规定，各种性质的赋税的征税基础、税率和征收方式必须以法律规定。《日本国宪法》第 84 条规定，课征新税或变更现行的税收，必须依法律或依法律确定的条件。《意大利共和国宪法》第 23 条规定：不根据法律，不得征收任何个人税或财产税。总的来看，宪法对税收问题的规定往往以确立税收法定原则为主旨，并奉行议会中心主义；而其对财政税收问题规定的繁简程度和方式的不同，又反映着国家理念与国家职能在不同时期的历史变化。

我国对税收问题作较为完整规定的宪法性文件是新中国成立前夕制定的《中国人民政治协商会议共同纲领》，其第 1 章第 8 条规定，中华人民共和国国民均有保卫祖国、遵守法律、遵守劳动纪律、爱护公共财产、应征公役兵役和缴纳赋税的义务。第 4 章第 40 条第 2 款规定，国家的税收政策，应以保障革命战争的供给、照顾生产的恢复和发展及国家建设的需要为原则，简化税制，实行合理负担。这里不仅对国民的纳税义务作了要求，而且对税收原则、税制效率、税负公平等宏观问题作了规定。但之后的几部宪法对税收问题的规定则相当简略。1954 年《中华人民共和国宪法》（以下简称《宪法》）在"公民的基本权利和义务"一章中规定，中华人民共和国公民有依照法律纳税的义务。1975 年《宪法》和 1978 年《宪法》则删去了这一条款。1982 年《宪法》沿袭了 1954 年《宪法》的体例，其关于税收的直接规定只有第 2 章"公民的基本权利和义务"的第

56 条规定，中华人民共和国公民有依照法律纳税的义务。

我国宪法是保证党和国家兴旺发达、长治久安的根本法，是历史新时期党和国家的中心工作、基本原则、重大方针、重要政策在国家法制上的最高体现。因此，判断一项制度的重要性首先就要看宪法对此有无规定或怎样规定。而如上所述，税收对国家、社会和公民个人的重要性不言而喻，税收行为不仅是经济行为，而且往往与政治生活紧密相连；税收权力不仅是国家权力，而且是国家主权的重要内容和直接体现；税收制度不仅是法律制度，而且是社会政治经济制度的重要组成部分。可以说，财政是国家治理的基础和重要支柱，科学的财税体制是优化资源配置、维护市场统一、促进社会公平、实现国家长治久安的制度保障。而要深化税收制度改革，健全宏观调控体系，加强和优化公共服务，促进共同富裕，维护市场秩序，推动可持续发展，就应当在宪法中对税收的基本原则和关键制度作出顶层设计，以做到重大改革于宪法有据，并充分发挥税收在推进国家治理体系和治理能力现代化方面的重大作用。

虽然我国《立法法》已经对税收法定原则作出了明确规定，毫无疑问这是我国税收法制建设史上的一座里程碑，但《立法法》的进步毕竟不能替代宪法的意义。因为：（1）税收立法数量庞大、内容广泛、层次繁多，《立法法》只是整个税收法律体系中的一个部门法，它所解决的主要是法律保留和法律优先问题；而只有宪法才能立于整个税收法律体系的顶点，为所有的税收立法提供根本的价值指引和最高的规范依据，从而建立起一套体系统一、逻辑严谨、原则贯通、内容和谐、层次分明的中国特色社会主义税收法律体系，进而为税收领域的"良法善治"提供可靠的制度保障，并使纳税人的权利保障立基于坚实的宪法根基之上。（2）从效力位阶上看，《立法法》属于全国人大制定的基本法律，而随着落实税收法定原则进程的加速，一大批税收方面的立法将由全国人大及其常委会制定或将国务院的行政法规上升为法律，这些法律与《立法法》处于同一效力位阶。如此，《立法法》是无法对之进行规范与制约的，如果这些立法出现了与宪法相抵触的情况，《立法法》将无能为力；而如果宪法上有关于税收问题的明确规定，则可以为审查和监督一切税收立法的合宪性、正当性提供一个最高判断标准和依据。(3) 宪法在保障纳税人权利、制约税收权力方面具有最高的权威性和规范性，只有将税收法定原则纳入宪法之中，才便于将依宪治国的精神和理念贯穿到税收立法、执法和司法的整个过程，形成完备的法律规范体系、高效的法治实施体系、严密的法治监督体系和有力的法治保障体系。

总之，税收问题首先是宪法问题，从根本上体现纳税人与国家之间的宪法关系，单单从普通法律的角度对此作出规定，尚不足以凸显其独特的宪法价值，甚至会沦为纯粹技术性的税收规则。只有从宪法层面上对税收关系作出理性定位和制度安排，才能真正把民主、法治、人权等宪法价值和因素有机地融入纳税人与国家之间的宪法关系之中，并使整个税制的建构与运转都在宪法预设的轨道和范围内进行；才能真正使税收法定主义获得宪法上的依据和支持，从而具有最高的权威性、最大的稳定性和最强的实效性。为此，可以考虑在时机成熟时将税定于法上升为税定于宪。

其一，现行《宪法》第 58 条规定"全国人民代表大会和全国人民代表大会常务委员会行使国家立法权"，增加一款"税种的设立、税率的确定和税收征收管理等税收基本制度，只能由全国人民代表大会及其常务委员会制定法律"。这基本上是把《立法法》中的相关规定移了过来，主要是考虑到税收立法权限的划分首先是一个宪法问题，由宪法对其加以规定名正言顺。虽然从立法技术的角度看，这显得与《立法法》重复，可能造成立法资源的浪费，但考虑到《立法法》第 8 条所规定的法律专属立法事项大多是对宪法、组织法等法律中既有规定的重复或总结，因此对税收这样一个如此重要却又长期未被足够重视的问题，再在宪法中加以强调并不多余。[1]

其二，将现行《宪法》第 62 条所规定的全国人民代表大会的第 3 项职权"制定和修改刑事、民事、国家机构的和其他的基本法律"，修改为"制定和修改刑事、民事、国家机构、财政税收的和其他的基本法律"。虽然对现有规定"其他的基本法律"作扩大解释，也可以把财政税收基本制度涵盖进来，但既然已经把刑事、民事、国家机构作了专门列举，那么把至少同样重要的财政税收也明确显示出来，才不至于造成列举上的遗漏，也才能突出财政税收在国家立法权中的重要位置。

其三，在现行《宪法》第 56 条规定"中华人民共和国公民有依照法律纳税的义务"，增加一款"国家保护纳税人的合法权益"。

为了使国家具备满足人民对公共产品需求之能力，人民有义务依法缴纳一定的财产以形成国家财政收入。[2]但是，纳税人绝不仅仅是义务主体，他们同时还应当享有相应的权利，是权利主体。纳税人不仅仅享有经济学意义上的获得国家服务的权利，还应当享有税收法律关系中的知情权、参与权、同意权、

---

〔1〕 当然，《立法法》已经规定但在宪法中没有明确的其他法律专属事项，如国家主权等，是不是也都需要在宪法中作相应对待，确实值得研究。这涉及宪法与《立法法》之间如何衔接的问题，涉及宪法体制与立法权配置之间的关系定位问题，显然这已超出了本文的讨论范围。

〔2〕 "义务说"是在"国家有机体说"基础上形成的学说。参见刘剑文等："新《征管法》在我国税法学上的意义"，载《税务研究》2001 年第 9 期。

监督权、诉讼及获得救济权；纳税人不仅仅以纳税人身份在税收关系中享有相应的权利，而且其作为一般意义上的公民所享有的权利同样应当受到保障；纳税人不仅包括公民，还应包括纳税的法人和其他组织，不仅包括直接纳税人，还应当包括潜在纳税人。只有把纳税人真正作为权利主体对待，征税机关才能充分考虑并尊重纳税人的利益、愿望和实际需求，从而避免把税收变成"支配"与"被支配"、"管理"与"被管理"的关系；纳税人才能意识到自己作为国家主人的角色和使命，不仅在于手中的选票，还在于向国家做出的财产贡献。因此，虽然公民与纳税人的范围有相当程度的重合，但对公民合法权益的保护与对纳税人合法权益的保护并不完全相同。

四、结语

问题在于，在我国这样一个现代税法理念还不成熟的社会中，这种形象而通俗的说法很容易沉淀为普通民众的基本认知，从而成为税收法治的观念障碍。因此，理论上的正本清源、条分缕析，就显得尤为必要。这不仅是税收制度改革的逻辑起点，也关乎着法治建设的社会基础和前行动力。

税法中的平等保护

［德］罗伯托·巴尔托诺[1]

一、引言

平等是公平的一个重要维度。[2] 国家对公民施加的负担，特别是税负，也应当平等。当纳税人可以肯定国家对其他人也征税、并且满足负担平等的要求时，其才能在税收制度中感受到公平。[3] 与此相应，联邦宪法法院将《德意志联邦共和国基本法》（以下简称《基本法》）第3条第1款规定的法律面前人人平等的一般平等权条款视为对税收公平具有重要意义的宪法规范。[4]

本文旨在从宪法上的一般平等保护出发，概述德国税法中各种形式的平等保护。

---

〔1〕 ［德］罗伯托·巴尔托诺，博士，黑森州警察与行政学院教授，财税法院法官。

〔2〕 Vgl. zum Beispiel Rüthers, Rechtstheorie, 3. Aufl. 2007, Rz. 352 ff. ; Tipke, Die Steuerrechtsordnung, Band I, 1. Aufl. 1993, S. 313.

〔3〕 Vgl. Lang, Steuergerechtigkeit, StuW 2016, 101（102）.

〔4〕 Vgl. Grundlegend BVerfGE 6, 55（70）; siehe auch BVerfGE 9, 237; BVerfGE 13, 181; vgl. aus jüngerer Zeit BVerfGE 122, 210; BVerfGE 124, 282; BVerfGE 126, 268; BVerfGE 135, 126; BVerfGE 141, 1; weitere Nachweise zum Beispiel bei Hey, in: Tipke/Lang, Steuerrecht, 22. Aufl. 2015, § 3 Rz. 110.

二、德国宪法中的平等保护：作为核心规范的一般平等权条款（《基本法》第 3 条第 1 款）

自由与平等始终是国家秩序的基本价值[1]，这一理念是《基本法》所规定的宪法基本秩序[2]的基础。对此，联邦宪法法院曾经指出："法律面前人人平等是德国宪法秩序的基本要素，倘若《基本法》第 3 条未将平等原则确定为成文宪法规范，则须援引超实证法的法律原则来确立这一原则。"[3]

《基本法》第 3 条第 1 款规定法律面前人人平等，表明其适用范围不限于《基本法》意义上的德国人（《基本法》第 116 条），而是涵盖了包括外国人在内的所有人。[4] 此外，《基本法》第 3 条第 1 款同样适用于法人和私法意义上的社团（《基本法》第 19 条第 3 款)。[5] 除了一般平等权条款之外，《基本法》第 3 条第 2 款第 1 句（"男女平等"）和《基本法》第 3 条第 3 款（"任何人都不得因为其性别，出身，种族，语言，籍贯，信仰，宗教或政治观点而遭受歧视或优待；任何人都不得因残疾而遭受歧视"）还包含着特别平等原则，但在本文的考察范围内不对这些特别原则作详细讨论。在涉及税法时，联邦宪法法院也会结合《基本法》第 3 条第 1 款，将《基本法》第 6 条第 1 款（婚姻之保护）解释为一项特别平等原则。[6] 篇幅所限，

---

〔1〕 Vgl. Burghart, in：Leibholz/Rinck, GG, Art. 3 Rz. 2；siehe dazu BVerfGE 2, 1.

〔2〕 Grundgesetz für die Bundesrepublik Deutschland vom 23. Mai 1949, BGBl. 1949, 1, zuletzt geändert durch Art. 1 des Gesetzes vom 13. 7. 2017（BGBl. I 2017, 2346).

〔3〕 BVerfG vom 5. 4. 1952, 2 BvH 1/52, BVerfGE 1, 208（233).

〔4〕 Siehe zum Beispiel BVerfG vom 7. 2. 2012, 1 BvL 14/07, BVerfGE 130, 240（253)；Burghart, in：Leibholz/Rinck, GG, Art. 3 Rz. 2.

〔5〕 Siehe zum Beispiel Jarass, in：Jarass/Pieroth, GG, 12. Aufl. 2012, Art. 3 Rz. 5 f.

〔6〕 Vgl. BVerfGE 107, 27（53 f.).

本文也不对此作详细探讨。

一般平等权条款（《基本法》第3条第1款）首先要求立法者对本质上相同的群体同等对待，对本质上不同的群体则依其差异作出相应的差别对待。[1]该条款既适用于不平等的负担，又适用于不平等的优惠。[2]据此，如果法律上的差别对待或相同对待没有合理的、由事物本身属性产生的或者其他客观明确的理由，就构成对《基本法》第3条第1款规定的基本权利的侵犯。[3]

此外，根据联邦宪法法院较晚的司法判决，如果两组规范对象之间存在差异的性质与程度不足以构成对其实行区别对待的理由，仍对其实行区别对待，同样构成对《基本法》第3条第1款的侵犯。[4]这一所谓的"新公式"将比例原则纳入了平等权审查，并允许一种不同于单纯的恣意禁止的审查。按照这种理解，这里涉及的是"合比例的平等"的问题[5]，这会提高"法律的平等控制的理性和可理解性"[6]。

因此，根据上述原则，仅仅因为具有可比性的事物之间存在差异就对其实行区别对待是不合理的，还必须进一步证明"所确定的差异的性质与重要程度恰恰能够使得立法者实行其拟实施的区别对待，也就是说，根据差异的性质和程度而规定的

---

[1]　Vgl. BVerfGE 116, 164（180）; BVerfGE 122, 210（230）。

[2]　Vgl. BVerfGE 110, 412（431）; BVerfGE 116, 164（180）。

[3]　Vgl. Grundlegend BVerfGE 1, 14（52）.

[4]　Vgl. BVerfGE 55, 72（88）; ferner BVerfGE 84, 197（199）; BVerfGE 100, 195（205）; BVerfGE 107, 205（213）; BVerfGE 109, 96（123）; BVerfGE 110, 274（291）; BVerfGE 124, 199（219 f.）; BVerfGE 126, 400（418）.

[5]　Vgl. Osterloh in Sachs, GG, Art. 3 Rz. 15.

[6]　R. Wendt, Der Gleichheitssatz, NVwZ 1988, 778（786）.

不同法律后果具有正当性"〔1〕。

适用平等原则有一个前提条件，即两个事物在本质上具有可比性。〔2〕此外，对相关事实的区别对待必须是原则上允许的。区别对待还必须适于达成立法者在个案中追求的正当目标。区别对待必须具有必要性，即所追求的法律目标无法通过干预更少的手段实现。区别对待必须是适度的，也就是说，就所实行的区别对待而言，所确定的具有特定性质的差异必须具有相应程度的重要性。〔3〕

三、一般平等权条款（《基本法》第3条第1款）在税法领域的具体化

1. 具体化的必要性

"法律面前人人平等"这句话是"语义空洞的"〔4〕，仅凭这项规定尚无法确认法律是否进行了违宪的同等对待或区别对待。要对此作出决定需求助于一般平等权条款之外必要的价值判断。〔5〕

联邦宪法法院在长期的司法实践中，根据调整对象和区别对待特征的不同情形，就一般平等权条款发展出了针对立法者的不同要求，具体包括单纯的恣意禁止和严格的比例原则。〔6〕对法律提出哪一要求，主要取决于对人或事实的区别对待在何种

---

〔1〕 R. Wendt, Der Gleichheitssatz, NVwZ 1988, 778 (781).

〔2〕 Vgl. R. Wendt, Der Gleichheitssatz, NVwZ 1988, 778 (782).

〔3〕 Vgl. R. Wendt, Der Gleichheitssatz, NVwZ 1988, 778 (785).

〔4〕 Osterloh in Sachs, GG, Art. 3 Rz. 5.

〔5〕 Vgl. Osterloh in Sachs, GG, Art. 3 Rz. 5.

〔6〕 Siehe zum Beispiel BVerfGE 110, 274 (291); BVerfGE 112, 164 (174); BVerfGE 116, 164 (180).

程度上对作为基本权利而受到保护的自由的行使造成了影响。[1]
衡量立法者何时违反平等原则的具体标准不能抽象空泛地加以
确定，而必须结合所涉及的不同事实和调整领域。[2]

税收是一种国家干预，税法领域的基本决定尤其应当符合
宪法事先的规定，因此在税法领域必须将《基本法》第 3 条第 1
款的一般平等权条款细化为具体的评价和比较标准。

2. 对公平税法的原则性要求

除了笔者的同事施玛尔茨博士所阐述的合法性原则以及量
能课税原则和社会福利国家原则[3]等维度外，公平还有一个重
要维度就是平等。因此，以公平理念为取向的税法必须使纳税
人平等地承担负担。但这不能只是单纯形式上的平等，例如征收
数额相同的个人所得税。经济上的负担能力尤其构成一项实质公
平的比较标准和区别对待的理由。因此，立法者在征税时必须考
虑个人的经济负担能力，避免让纳税人负担过重。此外，立法者
必须对保持有尊严的生活所必需之物，即最低生活保障免于征
税，在个人所得税法领域，必须对这一部分收入作出免税处理。

征税的主要目的是筹集财政资金［参阅《德国税法通则》
（以下简称《税法通则》）第 3 条第 1 款］，然而无论是这一主
要目的，还是议会对税款的使用，都没有为税负的确定提供参
考，也没有为其划定界限。[4] 联邦宪法法院指出："税收是所

---

〔1〕 Ständige Rechtsprechung des BVerfG; siehe zum Beispiel BVerfGE 112, 164
（174）; BVerfGE 122, 210 （230）.

〔2〕 Ständige Rechtsprechung des BVerfG; siehe zum Beispiel BVerfGE 105, 73
（111）; BVerfGE 107, 27 （45 f.）; BVerfGE 112, 268 （279）; BVerfGE 122, 210
（230）.

〔3〕 Siehe zu diesen Prinzipien Lang, Steuergerechtigkeit, StuW 2016, 101 （104
ff.）.

〔4〕 Vgl. BVerfGE 84, 239.

有国内居民均须承担的公共负担，为国家完成其承担的一般任务提供资金。由此，通过对个人施加交出其部分财产的义务，国家获得了个人的财产而不针对个体给付具体的对价。这种对纳税人财产和权利领域的干预行为正因为负担分配的平等才得以正当化。这样一来，公共负担便同国家的其他干预区分开来。从宪法角度看，税法中设立税负的规定及其适用规则都必须经过特别审慎地考虑，以尽可能符合纳税人负担平等的原则。"[1]

《魏玛宪法》[2]在有关共同生活的第2章中（第119条及下）明确规定，所有国民均须无差别地按法律规定承担与其资产相称的公共负担（第134条）。《基本法》生效以来，这些规定不再适用，但它一方面包含了负担平等原则，特别是税法意义上的负担平等原则，另一方面也包含了量能课税原则，而量能课税原则同时构成负担平等的标准。[3]

《税法通则》[4]以部门法的形式规定了负担平等（税负平等）的思想。全体国民都承担着为国家任务提供资金的共同责任，从中也可以推导出负担平等的要求。据此，应确保个体不承受过重负担。税法还必须考虑到由于每个公民的经济情况各不相同，所以只能根据个人的经济负担能力要求其为公共利益承担税负。由于税收公平主要体现为征税平等[5]，因此公平的税法设计必须实现所有纳税人的负担平等，不过这种平等要考

---

〔1〕　Vgl. BVerfGE 35, 324（335）mit weiteren Nachweisen；BVerfGE 84, 239.

〔2〕　Die Verfassung des Deutschen Reiches（Weimarer Verfassung）vom 11. 8. 1919.

〔3〕　Vgl. BVerfGE 84, 239.

〔4〕　Abgabenordnung vom 16. 3. 1976（BGBl. I 1976, 613；BGBl. I 1977, 269）in：der Fassung der Bekanntmachung vom 1. 10. 2002（BGBl. I 2002, 3866, berichtigt BGBl. I 2003, 61），zuletzt geändert durch Art. 6 des Gesetzes vom 18. 7. 2017（BGBl. I 2017, 2745）.

〔5〕　Vgl. Hey, in：Tipke/Lang, Steuerrecht，§ 3 Rz. 96.

虑纳税人的经济负担能力，而且要避免其对最低生活保障的部分征税。这意味着公平的税收制度会"根据客观适当的标准实行平等和社会公正意义上的征税"[1]。

3. 一般平等权条款（《基本法》第 3 条第 1 款）在税法领域的具体要求

联邦宪法法院在税法领域适用《基本法》第 3 条第 1 款的一般平等权条款时，充分尊重了立法机关在税法领域选择征税对象和确定税率方面的决定空间。[2] 不过，这样的决定空间并非没有限制，特别是在个人所得税法领域，这一自由主要受限于两个紧密相连的原则：税负应以经济负担能力为准的原则和体系一致性原则。[3]

据此，为了实现宪法要求的税负平等[4]，必须给负担能力相同的纳税人设定相同程度的税负（税收的横向公平），而较高收入者的税负与较低收入者的税负相比较必须是相称的（税收的纵向公平）[5]。由此可见，经济负担能力构成了针对税收的特定比较标准和税法领域的核心区别对待标准。[6]

确定税负的分配之后，就必须前后一致地予以实行，以保

---

〔1〕 Tipke, Die Steuerrechtsordnung, Band I, 1. Aufl. 1993, S. 313.

〔2〕 Vgl. BVerfG vom BVerfGE 93, 121（136）；vom BVerfGE 107, 27（47）；vom BVerfGE 117, 1（30）；vom 9. 12. 2008, 2 BvL 1/07, 2 BvL 2/07, 2 BvL 1/08, 2 BvL 2/08, BVerfGE 122, 210（230）.

〔3〕 Vgl. BVerfGE 105, 73（125）；BVerfGE 107, 27（46 f.）；BVerfGE 116, 164（180）；BVerfGE 117, 1（30）；BVerfGE 122, 210（230）.

〔4〕 Vgl. hierzu BVerfG BVerfGE 84, 239（268 ff.）.

〔5〕 Vgl. BVerfGE 82, 60（89）；99, 246（260）；107, 27（46 f.）；116, 164（180）.

〔6〕 Vgl. zum Beispiel Hey, in：Tipke/Lang, Steuerrecht, 22. Aufl. 2015, § 3 Rz. 121.

障税负平等。[1]一致施行原则的例外必须要有特殊的客观正当理由。[2]这尤其适用于基于纳税人个人负担能力的个人所得税法。[3]

4. 推论：如何设计税收制度

（1）内容上的要求（立法平等）

根据《基本法》第3条第1款，立法者首先有义务对本质上相同情况作出同等对待，对本质上不同者则依其特点作出相应的区别对待。在此，经济负担能力是核心标准。[4]从立法角度来看，这一点通过坚持税收的横向公平和纵向公平原则实现。立法者在设计税法制度时，必须确保其在横向和纵向角度均遵守量能课税原则及体系一致性原则的要求。在规定上述原则的例外时，如果立法者希望对规范对象进行区别对待，必须给出宪法上站得住脚的事实理由，并且在立法理由说明中予以体现。

（2）税法的平等实施（法律适用平等）

除了立法平等意义上的内容设计之外，还要做到法律适用的平等。税法的平等实施和适用首先是税务机关的任务，《税法通则》对征税程序作出了规定（特别体现在《税法通则》第3条第1款和第85条），财税法院也同样要做到税法的平等实施和适用。

---

〔1〕 Vgl. BVerfGE 99, 88 (95); 99, 280 (290); 105, 73 (126); 107, 27 (47); 116, 164 (180 f.); 117, 1 (31); BVerfGE 122, 210 (230); BVerfG vom 22. 5. 2009, 2 BvR 310/07, BVerfGK 15, 521.

〔2〕 Vgl. BVerfGE 99, 88 (95); 99, 280 (290); 105, 73 (126); 107, 27 (47); 116, 164 (180 f.); 117, 1 (31); BVerfGE 122, 210 (230); BVerfG vom 22. 5. 2009, 2 BvR 310/07, BVerfGK 15, 521.

〔3〕 Vgl. BVerfGE 82, 60 (86).

〔4〕 Siehe R. Wendt, Empfiehlt es sich, das Einkommensteuerrecht zur Beseitigung von Ungleichbehandlungen und zur Vereinfachung neu zu ordnen?, DÖV 1988, 712 (713).

立法者必须创建一套能够让税务机关平等适用税法的规则体系，因为《基本法》第 3 条第 1 款的平等条款要求税法不仅要在法律层面，而且要在事实层面对所有纳税人课以平等负担。如果有关征税程序的法律规定无法实现负担平等，出现所谓的结构性执行不力[1]，就可能导致征税的法律依据违宪。因此在税法的制度设计中，不能仅依靠纳税人自觉履行纳税义务，而必须由税务机关确定法定税收要求并对纳税人执行。对税务稽查的手段也须加以规范，这部分内容主要规定于《税法通则》第 88 条及以下条款（例如，根据《税法通则》第 88b 条允许跨州调取数据，以预防、调查和打击偷漏税行为）。

税法结构性执行不力，构成了对平等原则的违反。个案中法律规范得不到有效执行，并不必然导致不平等，但因立法缺陷导致的规范结构性执行不力则违反平等原则。[2]

在此，是否存在宪法意义上的结构性执行不力，很大程度上取决于税务机关在执行实体税收规范时，按照通常行政流程进行的大规模程序中所采用的征缴形式或其征税实践在多大程度上实现了总体税负结果平等，此外还尤其取决于纳税人的不完整申报在多大程度上有被发现的风险。[3]如果存在这样的结构性执行不力，即使相关税收规范本身满足了立法平等的要求，还是会导致违宪的结果。

---

〔1〕 Vgl. BVerfGE 110, 94；vgl. dazu eingehend zum Beispiel F. Werth, Verfassungsgerichtliche Rechtsprechung zum strukturellen Vollzugsdefizit im Lichte der jüngeren Kammerrechtsprechung, in: Rensen/Brink, Linien der Rechtsprechung des Bundesverfassungsgerichts-erörtert von den wissenschaftlichen Mitarbeitern, Band 1, Berlin 2009, S. 411 ff.

〔2〕 Vgl. BVerfGE 110, 94

〔3〕 Vgl. BVerfGE 110, 94（114）；BVerfG vom 7. Mai 2008, 2 BvR 2392/07, BVerfGK 13, 544.

（3）一致施行税法负担决定的例外

平等确定税负、平等征收税款的例外情形只能由法律规定，并且要存在充分的客观理由，否则在宪法层面无法得到正当化。《税法通则》规定的缓缴（《税法通则》第222条）、减免（《税法通则》第227条）以及出于公平原因而进行变通（《税法通则》第163条），就属于例外情况。

在联邦宪法法院看来，为了提供扶助、进行引导，为了进行类型化和简化，可以作出例外处理。[1]但提高国家收入的纯粹财政目的不构成例外处理的正当理由。[2]这些规则也适用于减税决定。

（4）国家财政之外的促进和引导目的

税法制定者原则上可以为了公共利益而追求增加国家财政之外的其他目标。[3]立法者不仅可以通过指令和禁令，也可以通过间接调控对经济和社会发挥影响，《税法通则》第3条第1款对税收概念的定义体现了这一点，根据该定义，获得收入这一目的也可以是税收的次要目的。这样一来，公民虽不受采取某种特定行为的法律义务的约束，但可能由于作出某一不受欢迎的行为会造成额外负担，或者因作出某一受欢迎的行为会带来免税效应，公民便有了决定为或不为某一特定行为的经济上的动机。[4]当然，这种促进和引导目标必须以明确的立法决定为

---

〔1〕 Vgl. BVerfGE 122, 210（231）.

〔2〕 Vgl. BVerfGE 122, 210（231）.

〔3〕 Ständige Rechtsprechung des BVerfG；vgl. BVerfGE 93, 121（147）；99, 280（296）；105, 73（112）；110, 274（292）；116, 164（182）；117, 1（31）；122, 210（231 f.）.

〔4〕 Vgl. BVerfGE 98, 106（117）；117, 1（31 f.）；122, 210（231 f.）.

基础，因此这些目标也适合于为征税或减税提供正当化理由。[1]此外，促进和引导目的之设计必须符合平等原则[2]，授益行为也必须基于合理目的[3]。此类目的可以是诸如健康、社会福利或环境政策性质的。

（5）类型化和简化目的

就其本质而言，任何法律规定都有必要进行统一处理。[4]"在对大量存在的普遍现象进行规制时，立法者有权对众多个案进行归纳，根据自己拥有的经验准确描述需要规制的事实。[5]在此基础之上，立法者原则上可以作出一般化、类型化和概算化的规定，而不会仅仅因其不可避免的大意而违反一般平等原则。[6]类型化意味着对特定的具有相同核心要素的生活事实进行规范化归纳，对实际已知的一些特殊事实则可以概括地忽略。原则上，允许立法者以一般情况为准，不必通过特别规定满足所有特殊性的要求。[7]不过法律上的概括必须尽可能宽泛地考虑到所有相关群体和规范对象。[8]立法者尤其不能选择某一非典型情况作为法律上类型化规定的样板，而必须实事求是地以

〔1〕　Vgl. BVerfGE 105, 73（112 f.）; vgl. auch BVerfGE 110, 274（293）; 116, 164（182）; 117, 1（32）; vorangehend BVerfGE 93, 121（147 f.）; 99, 280（296）; 122, 210（231 f.）.

〔2〕　Vgl. BVerfGE 93, 121（148）; 99, 280（296）; 110, 274（293）; 116, 164（182）; 117, 1（32）; 122, 210（231 f.）.

〔3〕　Vgl. BVerfGE 105, 73（113）; 117, 1（33）.

〔4〕　Vgl. BVerfGE 122, 210（232）.

〔5〕　Vgl. BVerfGE 11, 245（254）; 78, 214（227）; 84, 348（359）; 122, 210（232）.

〔6〕　Ständige Rechtsprechung des BVerfG; vgl. BVerfGE 84, 348（359）; 113, 167（236）; 122, 210（232）.

〔7〕　Vgl. BVerfGE 82, 159（185 f.）; 96, 1（6）; 122, 210（232）.

〔8〕　Vgl. BVerfGE 84, 348（359）; 87, 234（255）; 96, 1（6）; 122, 210（232）.

典型情况为标准。"[1]

（6）财政目的

提高国家收入的纯粹财政目的不构成作出例外处理的客观理由。"国家的财政需要或者财政状况吃紧本身，并不构成对公民设定不平等负担的理由。即使国家需要采取节约措施，也必须注意公平分配负担。"[2]征税的根本和首要目的是获得国家收入，不公平的税收规范同样可以达到这个目的，因此，在《基本法》的价值体系中，必须有其他超出纯粹财政目的的正当化理由，才能够对税负平等的原则作出例外处理。

四、法律保护

如果征税行为侵犯了《基本法》第 3 条第 1 款规定的基本权利，纳税人可以向财税法院提起诉讼。财税法院是对税收法律争议（税务事项，《财税法院法》第 33 条第 2 款）享有管辖权的特别行政法院（《财税法院法》第 1 条）。

此外，联邦宪法法院也提供涉及税收事务的法律保护。作为国家干预权的税收与宪法密切相关，因为法治国原则（《基本法》第 20 条第 3 款）要求对公民基本权利的干预（《基本法》第 1 条至第 19 条）必须具有宪法上的正当性，这一要求尤其适用于税法[3]，因为每次征税都构成对一般行为自由这一基本权利的干预（《基本法》第 2 条第 1 款）。[4]因此，如果遭受干预

---

〔1〕 BVerfGE 122, 210（232 f.）; ständige Rechtsprechung des BVerfG; siehe zum Beispiel BVerfGE 116, 164（182 f.）.

〔2〕 BVerfGE 116, 164（182）, im Anschluss an BVerfGE 6, 55（80）; 19, 76（84 f.）; 82, 60（89）; vgl. auch BVerfGE 105, 17（45）; 122, 210（232）.

〔3〕 Vgl. BVerfGE 13, 318（325）.

〔4〕 Vgl. aber BVerfGE 115, 97: Die Steuerbelastung fällt auch in den Schutzbereich der Eigentumsgarantie（Art. 14 Abs. 1 GG）.

影响的公民已经穷尽了财税法院所能提供的专业法院的法律救济，或者专业法院无法最终回答争议中提出的宪法问题，那么还必须为其提供获得宪法上审查的可能。据此，公民可主动要求联邦宪法法院提供税收法律保护，公民以提起宪法诉愿（《基本法》第 93 条第 1 款第 1 项 4a，结合《德国联邦宪法法院法》第 13 条 8a，第 90 条及以下）的形式获得个人的法律救济。财税法院或联邦财税法院也可以根据《基本法》第 100 条第 1 款并结合《德国联邦宪法法院法》第 13 条第 11 项、第 80 条及以下提起具体法规审查，联邦财税法院是税收事务的终审法院。[1]

五、总结

公平的税收法律制度为公民设立法律上和事实上的平等负担。因此，就税收公平而言，一般平等权条款（《基本法》第 3 条第 1 款）发挥着决定性作用。经济负担能力是最核心的比较标准和区别对待标准。税收平等在横向和纵向两方面发挥作用，并与量能课税原则和体系一致性原则紧密相连。立法者制定税法时，不仅要在内容上坚持平等条款，而且必须关注税法的有效实施，这样才能保证税务机关事实上平等适用税法。如果立法者想要作出区别对待，就必须给出宪法上的充分理由，这些理由必须适合于说明征税或减税的正当性，而且立法机关必须明确将这些理由作为其决定的依据。

---

〔1〕 Siehe zum Vorstehenden zum Beispiel Bartone, in：Kühn/von Wedelstädt, AO/FGO, 21. Aufl. 2015, Einführung FGO Rz. 56 ff.

法律保留及其在税法中的意义

[德] 克丽丝蒂娜·施玛尔茨[1]

一、引言

法律保留是德国宪法领域的一个常见概念，《德意志联邦共和国基本法》（以下简称《基本法》）中对此却没有明确表述。至少在学术界，围绕这一概念的争论仍在继续，例如，它在何种程度上受到了法治国原则或民主原则抑或二者共同的影响。不过，法律保留对一个权力制约的民主法治国家的必要性是不可否认的。

法律保留对权力制约具有重要意义：它划定并限制了立法机关与行政机关的职能与权限，将对某些事项和对象进行规制的权力交给了立法机关，排除了行政机关在相关事项上的自主权。[2] 此外，法律保留还使民主原则得以实现：通过对法律依据的要求，法律保留确保对相关事项的决定可以回溯至具有民主正当性的立法者。[3]

---

〔1〕 [德] 克丽丝蒂娜·施玛尔茨，博士，弗吉尼亚大学 L. L. M.，德国石勒苏益格–荷尔施泰因州高等法院法官。

〔2〕 Vgl. Ossenbühl, in: Isensee/Kirchhof, Handbuch des Staatsrechts, Bd. V. 3. Aufl. 2007, § 101 Rn. 11.

〔3〕 Vgl. Huster/Rux, in: BeckOK, GG, Stand: 1. Juni 2017, Art. 20 Rn. 105.

本文将对法律保留的几个原则加以阐述，并重点论述联邦宪法法院在司法实践中对法律保留问题的处理。

下文将分别对法律保留的历史发展及其起源作简短介绍；阐述一般法律保留的内容及其特点；根据联邦宪法法院的司法实践，阐明税法中可能存在的特殊性；最后对整篇报告做出总结。

二、法律保留

(一) 历史发展与渊源

1. 历史发展

我们不妨先极为简短地做一个历史回顾：在 19 世纪的德国，议会试图至少间接限制由君主授权和控制的行政机关，因此议会将其可以影响的议会法律置于中心地位。[1] 议会这样做的原因显而易见：每一部法律都使得议会具有参与决定权，必要的法律越多，议会的影响也就越大。不过，宪法仅为其提升法律地位提供了少量依据，例如罪刑法定原则或基本权利的法律保留。[2] 到 19 世纪末期，只能依据法律授权对自由和财产进行干预的信念实际上得到普遍认同，从而发展出所谓自由和财产权条款。[3] 此外，在 19 世纪，法律保留还发挥着在一定程度上赋予行政机关民主正当性的作用。不过，《基本法》颁布之后就不再需要法律保留发挥这一作用了，因为《基本法》的出发点就是一切国家权力都具有民主正当性的原则。[4]

联邦宪法法院 1975 年扩展了自由和财产权条款所定义的干

---

〔1〕 Vgl. Grzeszick, in: Maunz/Dürig, GG, Stand: Dezember 2007, Art. 20, VI Rn. 77.

〔2〕 Vgl. Grzeszick, in: Maunz/Dürig, GG, Stand: Dezember 2007, Art. 20, VI Rn. 77.

〔3〕 Vgl. Grzeszick, in: Maunz/Dürig, GG, Stand: Dezember 2007, Art. 20, VI Rn. 77.

〔4〕 Vgl. Grzeszick, in: Maunz/Dürig, GG, Stand: Dezember 2007, Art. 20, VI Rn. 78.

预保留。[1] 所有原则性问题的决定均应通过法律作出，脱离实践中不确定的"干预"的界定特征，因为法院认为，对于自由生存而言，通过国家行为向个人提供给付和机会的重要性往往不亚于国家的"不干预"。[2]

2. 渊源

有意思的是，法律保留尽管有着上述历史渊源和无可争议的存在，却没有被明确规定于《基本法》中。不过，《基本法》中规定了个别保留条款，首先是基本权利的法律保留，此外还有关于财政预算和外交事务的法律保留[3]。因此，联邦宪法法院在司法实践中反复援引《基本法》第20条第3款的法治国原则[4]，并部分以《基本法》第20条第1款的民主原则作为补充来论证法律保留原则[5]。当然，法治国原则首先"仅"指行政和司法受法律约束，即法律优先而非法律保留，而法律保留的确切依据和影响范围至今仍存在一定的争议。

有学者以自由财产权条款为出发点，认为法律优先与法律保留体现了依法律行政的法治国原则特征。[6] 有学者则强调民主要素，据此，所有涉及公民的原则性问题的决定均应由具有直接民主正当性的立法者作出。[7] 联邦宪法法院在1972年的

---

[1] Vgl. BVerfGE 40, 237（248 f.）. Zuvor-BVerfGE 8, 155（166 f.）-hatte es offengelassen, ob diese ursprüngliche Abgrenzungsformel noch ausreicht.

[2] Vgl. BVerfGE 40, 237（249）.

[3] Zum Beispiel Art. 59 Abs. 2 Satz 1；Art. 24 Abs. 1, Art. 23 Abs. 1 Satz 2 GG.

[4] Siehe z. B. BVerfGE 48, 210（221）；49, 89（126）；137, 350（363 f., Rn. 33）.

[5] Siehe z. B. BVerfGE 49, 89（126）；139, 19（45, Rn. 52）.

[6] Vgl. Ossenbühl, in：Isensee/Kirchhof, Handbuch des Staatsrechts, Bd. V, 3. Aufl. 2007, § 101 Rn. 18.

[7] Vgl. dazu Klein, in：Isensee/Kirchhof, Handbuch des Staatsrechts, Bd. Ⅲ, 3. Aufl. 2005, § 50 Rn. 23.

专科医生判决中既以法治国原则又以民主原则为准，要求立法者不得完全放弃自己的立法权限。[1] 除了干预强度这一标准之外，联邦宪法法院还提及重要性标准。[2] 这样一来，调整的重要性和与重要程度有关的授权禁止便跃居中心地位，授权禁止反过来意味着议会采取行动的义务。[3] 后文也将讨论由此发展而来的重要性理论。

就历史发展而言，可总结如下：法律保留最开始仅要求干预自由和财产权时必须有法律依据，现在则要求涉及公民的所有原则性规定都由立法者决定。法律保留既源自法治国原则，也源自民主原则，有时为其中之一，有时则二者兼有。

（二）一般法律保留

第二部分将涉及具有重要实践意义的问题：法律保留原则的具体内容是什么？它规制的对象是什么？如果它提出了要求，它的要求是什么？

我们在诸多明确规定了法律保留的基本权利条款中可以找到一个初步的简单答案。这些基本权利条款经常采用如下表述，即仅允许"通过法律方式或根据法律"对基本权利进行干预。[4] 这些涉及基本权利的法律保留是自由财产权条款意义上的传统干预保留，而一般法律保留则要超出此范围。在此，需要考虑以下三点[5]：何时涉及法律保留；谁应当制定法律依据；该法律依据的内容如何。

---

[1] Vgl. BVerfGE 33, 125 (158).

[2] Vgl. BVerfGE 33, 125 (158).

[3] Vgl. Cramer, AöR 122 (1997), 248 (259).

[4] Vgl. z. B. Art. 2 Abs. 2 Satz 3, Art. 6 Abs. 3, Art. 8 Abs. 2, Art. 10 Abs. 2 Satz 1, Art. 11 Abs. 2, Art. 12 Abs. 1 Satz 2, Art. 14 Abs. 1 Satz 2, Abs. 3 Satz 2 GG.

[5] Vgl. Voßkuhle, JuS 2007, 118.

1. 何时？

法律保留首先涉及法律依据的必要性问题。有关法律保留的理论应回答以下问题：行政机关的行为何时必须有法律依据？没有法律依据能否为之？[1] 为了回答这一问题，我们可以联系《基本法》第 20 条第 3 款以及该条所规定的法律优先，即行政和司法受到法律和法的约束原则。据此，行政机关和司法机关的行为不得违反现行法律。如果宪法本身不要求涉及特定基本领域的国家行为必须经过制定法的授权而正当化，宪法所规定的法律优先也就形同虚设了。[2] 因为如果这种正当性无须通过法律获得，那么行政机关在没有法律依据的情况下也可以做出行为，这样一来，其行为当然也不构成违法，那么我们就不再需要法律优先了。司法实践对我们有关"何时"的问题给出了如下答案：不仅构成干预的行政行为必须具有法律正当性，而且对公民有重要影响的所有措施均须具有法律正当性。[3] 这里所提到的重要性标准还会多次出现，不只是对"何时"这一问题，对"谁"和"如何"等问题的回答也深受调整内容之重要性的影响。

2. 谁？

对上述"何时"问题的回答并不能明确由哪一立法机关[4]确保法律正当性的问题。法律保留并不总是必须要求正式法律，即议会制定的法律。很多情况下，行政行为正当化的依据也可

---

[1] Vgl. Schmidt-Aßmann, in: Isensee/Kirchhof, Handbuch des Staatsrechts, Band II, 3. Aufl. 2004, § 26 Rn. 63.

[2] Vgl. BVerfGE 40, 237（248 f.）；Leibholz/Rinck, Stand：August 2016, Vor Art. 70-82, Rn. 26.

[3] Vgl. oben unter II. 1. und BVerfGE 40, 237（249）.

[4] Vgl. Voßkuhle, JuS 2007, 118（119）.

以是实质意义上的法律，即法规或规章。[1] 在一些针对基本权利的法律保留中，既允许"通过法律方式"也允许"根据法律"进行调整，此类法律保留本身已经显示出了经由实质意义上的法律推导出正当性的可能。[2]

是只需要"根据法律"进行调整就已经足够，还是必须要通过正式法律的方式，取决于涉及简单法律保留还是正式法律保留，后者在下文中将被称为"议会保留"[3]，从议会保留中发展出了上文中已经提到的联邦宪法法院的重要性理论。据此，对基本权利的实现具有决定性影响的事项的调整必须由立法者亲自决定，而不得交由行政机关处理和决定。[4] 因此，议会保留包含授权禁止。

议会保留的意义与宗旨显而易见：相比于单纯的行政行为，议会通过的法律具有直接的民主正当性。此外，议会程序确保了辩论和决定过程的高度公开性，立法者因而必须亲自作出重大决定并对其负责。[5]

我们可以得出如下结论：所有重大事项都必须由议会立法者以正式法律的形式亲自进行调整。相关事项越不具有重要性，实质意义上的法律就越能够满足法律保留的要求，立法者也就可以将调整的细节授权给其他部门。

---

〔1〕 Das Verwaltungshandeln muss dann aber im Sinne einer Legitimationskette auf eine formelle gesetzliche Grundlage zurückgeführt werden können, vgl. Detterbeck, Jura 2002, 235 (236) mwN.

〔2〕 Vgl. Ruffert, in: BeckOK, Stand: 1. Juni 2017, Art. 12 Rn. 76

〔3〕 Siehe zu diesem Begriff Voßkuhle, JuS 2007, 118. Das BVerfG spricht dagegen auch im Zusammenhang mit der Wesentlichkeitslehre zum Teil vom Parlamentsvorbehalt, siehe BVerfGE 139, 19 (46 Rn. 53).

〔4〕 Vgl. BVerfGE 139, 19 (45 Rn. 52) mwN.

〔5〕 Vgl. BVerfGE 40, 237 (249).

（1）衡量重要性的标准

究竟在什么情况下某一决定具有"重要性"而必须由议会立法者作出调整？何谓重要？何谓不重要？根据联邦宪法法院的观点，基本权利相关领域中的重要性主要是指"对于基本权利的实现具有重要性"。相反，某个政治上存在争议的问题本身并不必然被理解为具有重要性。[1] 这里的关键是具有基本权利相关性。

因此，特别是在涉及多维度的、复杂的基本权利时，立法者有义务采取行动——此种情况下，相互冲突的自由权之间界限模糊，难以明确。如果调整行为旨在对无法律保留的基本权利的宪法内在限制加以确定和细化，立法者也必须亲自进行。因为根据宪法只有议会才有权对作为基本权利的自由权加以限制并平衡相互冲突的基本权利。这确保了在理想设计的情况下，公众在具有重大影响的决定的产生程序中有形成其观点并得到代表的机会。对基本权利进行干预的必要性和程度应通过公开辩论加以明晰，这样做是为了确保具有重要性的调整产生于透明程序，并确保议会反对派的参与。[2]

然而，议会保留并非没有限制。国家决策应尽可能正确，即应当由那些依其组织、组成、功能和程序形式拥有最佳条件的机关作出，这一目标不得因一个以全面议会保留形式呈现的一元权力整体而无法实现。[3] 因此，《基本法》并未规定全面保留，从民主原则中也不能推导出这样的全面保留。[4]

重要性的关键在于与基本权利的相关性，舍此，议会法律

---

[1] Vgl. BVerfGE 139, 19（45 Rn. 52）mwN.

[2] Vgl. BVerfGE 139, 19（46 Rn. 53）mwN.

[3] Vgl. BVerfGE 98, 218（252）；139, 19（46 Rn. 53）mwN.

[4] Vgl. BVerfGE 49, 89（125）.

保留将有转变成全面保留之虞。

（2）举例

重要决定的一个例子是支持或反对法律允许和平利用核能的讨论。鉴于该问题对公民的重大影响，相关决定必须由议会立法机关作出。[1] 同样，立法机关必须亲自决定学校教育领域的重要事项，而不得将其交由教育管理部门。[2] 例如，强制开除就属于上述重要事项[3]，相反，单纯的转学决定则可授权给法规制定者。[4] 同理，联邦宪法法院否定了有关正字法改革重要性的争议。[5] 另一个例子是对道路交通中所谓的"超长挂车"进行测试的法规——立法机关不必亲自就道路交通中的车辆及车辆组合的尺寸作出决定。[6]

3. 如何？

然而，重要性理论回答的不仅仅是某个特定事项究竟是否应由法律进行调整的问题，它对确定必要的调整密度即"如何"进行调整也颇为关键。[7] 在此，议会所做的决定应当根据《基本法》第80条第1款第2句进行衡量，该规定允许立法机关授权行政机关颁布法规，不过，必须"在法律中明确授权的内容、目的与范围"。作为"一般法律保留"的一种形式，上述规定以容易理解的方式将行政机关进行的国家干预回溯至议会的意志

---

〔1〕 Vgl. BVerfGE 49, 89（127）.

〔2〕 Vgl. BVerfGE 41, 251（260）；45, 400（417 f.）.

〔3〕 Vgl. BVerfGE 58, 257（272 ff.）.

〔4〕 Vgl. BVerfGE 58, 257（275 ff.）.

〔5〕 Vgl. BVerfGE 98, 218（252 ff.）.

〔6〕 Vgl. BVerfGE 136, 69（114 Rn. 104）.

〔7〕 Vgl. BVerfGE 139, 19（47 Rn. 54）.

表示。[1] 授权明确性的范围或程度仍然取决于与基本权利的相关性：对相关人权利地位的干预程度越强，对授权明确性的要求也就越高。[2] 法律授权必须以明确和可预见的方式规定应当允许哪些行为。[3] 因此，如果某项调整的内容不是设立义务，而是减免义务，从而减轻公民的负担，那么对其规范明确性的要求就会较低。[4]

再举一个例子：仅仅笼统地通过法律授权法规制定者对公务员的职业事项进行调整，不具有足够的明确性，无法作为对制定雇佣最高年龄限制的法规的授权，此类限制构成对职业自由的严重干预，必须由议会主导作出决定。[5]

重要性理论影响着三个根本性问题：即有关"何时""谁"以及"如何"进行法律调整的问题。在此，判断重要性的关键标准是调整内容与基本权利的相关性。

（三）税法的法律保留

第三部分内容是税法中的法律保留。需要事先说明的是，税法领域并没有原则上的特殊性，因为体现在税法中的国家财政权力作为"最重要的国家干预行政之一"[6]，属于传统的干预权，作为法律保留的对象，这一传统干预权已经构成了上文多次提及的对自由和财产权进行干预的公式的背景。[7]

---

〔1〕 Vgl. BVerfGE 139, 19 (47, Rn. 55) mwN；Uhle in: BeckOK, Stand 1. März 2017, Art 80 Rn. 18.

〔2〕 Vgl. BVerfGE 139, 19 (47, Rn. 55).

〔3〕 Vgl. BVerfGE 139, 19 (47, Rn. 55).

〔4〕 Vgl. BVerfGE 48, 210 (222)；BVerfG, Beschluss der 3. Kammer des Zweiten Senats vom 28. November 1991–2 BvR 1772/89, juris Rn. 4.

〔5〕 Vgl. BVerfGE 139, 19 (52, Rn. 67 ff.).

〔6〕 BVerfGE 13, 318 (325).

〔7〕 Vgl. BVerfGE 115, 97 (111).

1. 税负与税收优惠

税法中税负的决定很大程度上取决于立法者对于税负对象和税率的意愿[1]，联邦宪法法院将税法中的法律保留明确解释为"严格法律保留"[2]。也就是说，一个税种的征收必须具有直接的民主合法性，即必须由议会决定并以足够明确和普遍可预见的方式加以规定。[3]它需要规范化的授权依据，明确规定以纳税的形式对纳税义务人课以负担。[4]不过，可能令人有些意外的是，有关税收优惠的根本性决定也必须由立法机关亲自作出。[5]这主要是因为税收公平原则，立法机关必须亲自设定约束法规制定者的客观原则。[6]

我们可以得出以下结论：税法的基础是"立法者对特定的一般事项可课税性的基本决定"，与之相应，税法依赖于"立法机关的命令"。[7]这原则上同样适用于税收优惠。

2. 税收规范的明确性

联邦宪法法院所称的"严格的"税法法律保留影响的是税收法律授权的明确性程度。正如上文所述，一项法律授权所必需的明确性取决于其调整领域的特质，尤其是基本权利受影响的程度以及行政机关被授权行为的方式与强度。[8]税法中还有一个决定性因素，即涉及对负担性行政行为进行授权的规定，

---

[1] Vgl. BVerfGE 13, 318 (328); 137, 350 (364, Rn. 33).

[2] BVerfGE 137, 350 (364, Rn. 33).

[3] Vgl. P. Kirchhof, in: Isensee/Kirchhof, Handbuch des Staatsrechts, Band IV, 1990, § 88 Rn. 41.

[4] Vgl. Hessisches Finanzgericht, Urteil vom 22. März 2016 – 1 K 2014/14, juris Rn. 32.

[5] Vgl. BVerfGE 48, 210 (221).

[6] Vgl. BVerfGE 23, 62 (73).

[7] Vgl. BVerfGE 13, 318 (328); 93, 121 (147 f.).

[8] Vgl. BVerfGE 48, 210 (221 f.).

还是单纯涉及减轻纳税义务人负担的措施。若议会所颁布的法律中已经确定了相关的税负构成要件要素，即纳税人、课税客体、税基和税率，那么对于设定负担的措施而言，只需满足上述《基本法》第 80 条第 1 款第 2 句的要求，即授权内容、目的和范围的明确性要求。[1]然而，在民主法治国家中，减轻负担的授权也必须在一定程度上具有法律上的明确性，这既是划定法律保留所要求的立法机关和行政机关的行动范围间界限的需要，也是税收公平原则的要求。[2]当然，对减轻负担进行授权所需的法律明确性要低于对干预进行授权的要求，因为通常后者与基本权利的相关性更强。只要减轻负担的授权未导致竞争扭曲，其就适用上述较低的授权明确性要求。[3]

下面将借助几个税收优惠的实例解释上文所述内容：

联邦宪法法院在 1968 年的一项判决中认为，一项允许法规制定者对发明者从其发明使用费中所获收入实行税收优惠的法律授权不够明确。法院批评了该项授权，认为其无法显示可以给予税收优惠的程度，无法明确是完全免税还是部分减免，也无法明确用以实现减免的税收技术手段，例如特殊税率或者优惠减免。[4]

但是到了 1978 年，一项个人所得税法律规范将"国民经济理由"作为减轻纳税人负担的条件，联邦宪法法院却没有对此处概念的使用提出异议，即没有将其视作过于宽泛的一般性条款。财政机关在这种情况下无疑拥有一定的自由裁量权，但行政机关并没有获得根据自己的裁量恣意减税的授权，其获得的

---

〔1〕 Vgl. BVerfGE 137，350（365 Rn. 38）.

〔2〕 Vgl. BVerfGE 48，210（222）.

〔3〕 Vgl. BVerfGE 48，210（222）.

〔4〕 Vgl. BVerfGE 23，62（72）.

授权是根据自己的裁量义务适用法律目的意义上足够具体的法律。[1]

在 2014 年有关征收航空运输税的法律是否合宪的一项判决中[2]，一项有关降低税负的授权规定受到质疑，但该项规定仅允许法规制定者根据具体明确的规定对税率进行重新计算，而不是让法规制定者决定"是否"或者"如何"降税，联邦宪法法院认为这也符合法律保留原则的要求。

三、结论

归纳起来，法律保留承担着诸多功能：作为传统的干预保留，它发挥着保障和保护基本权利的作用。作为权力分立的要素，它划定了立法机关和行政机关的行动范围之间的界限。就民主原则而言，它责成立法机关亲自作出重要决策，特别是所有与基本权利相关的决策，而不允许立法机关将其委托给行政机关。法律保留理论则不仅回答了"何时"和"谁"通过法律进行调整的问题，而且回答了"如何"通过法律进行调整的问题，即对所需的法律依据提出了内容上的要求。[3]

税法领域原则上并无特殊性。作为传统的干预权，税法必须满足严格法律保留的要求。设定负担和减轻负担的基本决定都必须由议会制定的法律规定。如果涉及设定负担的干预，立法机关必须预先对税收干预作出决定性的规定，纳税人、课税

---

　〔1〕　Vgl. BVerfGE 48, 210 (226).

　〔2〕　Vgl. BVerfGE 137, 350 (364 ff. Rn. 34 ff.).

　〔3〕　Vgl. BVerfGE 137, 350 (364); Grzeszick, in: Maunz/Dürig, GG, Stand: Dezember 2007, Art. 20, VI, Rn. 75.

客体、税基和税率都必须由议会法律确立。[1] 如果涉及的是减轻负担的措施，由于其与基本权利的相关性通常没有那么高，对法律依据明确性的要求就比较低。

---

[1] Vgl. BVerfGE 137, 350 (365); P. Kirchhof, in: Isensee/Kirchhof, Handbuch des Staatsrechts, Band V, 3. Aufl. 2007, § 118 Rn. 104.

再论税收法定原则及其在我国的落实

——基于意大利强制性财产给付法定原则的研究

翁武耀[1]

内容摘要：税收法定原则由自我课征原则演变而来，属于强制性财产给付法定原则，是现代国家宪法的构架要素。基于意大利的经验分析，在现代社会，税收法定原则在解释上不仅应当保护私人利益，还应当保护国家共同体的一般利益。为此，税收法定原则的适用应当与代议制民主、政府职能扩张、地方财政分权等相适应，并体现出税收法律保留相对性的特征。不过，税收法定原则当前在我国的落实应当遵循权宜的路径，即税收规则尽可能由全国人大及其常委会来制定，鉴于当前在我国实质意义上限制课税权的量能课税原则在立法中尚未确立、税收司法化和对包括税收法定原则在内的税法司法解释极其薄弱，以及对法律、行政法规等规范性文件的合宪性及合法性审查制度、依法行政制度、中央地方财政关系制度、现代预算制度等基本制度并不完善或尚未引入，以致对政府制定税收规则

---

〔1〕 翁武耀，中国政法大学民商经济法学院副教授、法学博士。本文受教育部留学回国人员科研启动基金资助项目"量能课税原则与遗产税立法研究"（教外司留〔2015〕1098号）资助，并受中国政法大学贯彻十八届四中全会精神校级人文社会科学研究专项项目"中欧关税立法比较与借鉴研究"（批准号：15ZFZ82008）资助。

缺乏有效的制约。

关键词： 强制性财产给付　税收相对法律保留　授权立法
地方财政自主　量能课税原则

一、引言

国家课税权是对公民财产无偿剥夺的强制性权力，如何防止国家课税权对公民财产权的非法侵害，已经成为全社会共同关注的一项重要议题。作为对这项议题的有力回应，十八届三中全会首次在党的纲领性文件中提出了"落实税收法定原则"，而 2015 年 3 月 15 日十二届全国人大三次会议修改通过的《中华人民共和国立法法》（以下简称《立法法》），更是将第 8 条原先规定实行法律保留的"税收基本制度"单列为一项，并细化为"税种的设立、税率的确定和税收征收管理等税收基本制度"。这样，通过落实税收法定原则对国家课税权进行限制已经成为全社会的共识，而接下来需要解决的问题是如何落实税收法定原则。2015 年初，各地社保部门纷纷上浮社保缴费基数标准，从 2014 年底到 2015 年初，财政部、国家税务总局连续三次提高消费税（税率），2015 年 6 月公布的《中华人民共和国环境保护税法》（以下简称《环境保护税法》）（征求意见稿）将税额标准增减、应税污染物种类增加授权给省级政府决定，而 2016 年 12 月 25 日全国人大常委会审议通过的《环境保护税法》又改为由省级人大常委员会决定，等等。这些现象在社会上都引起过广泛争议和讨论，反映的问题事实上与税收法定原则的落实紧密相关。例如，需要法律保留的仅仅是税收吗？是否所有税收规则都需要由法律来规定？政府为什么可以以及如何制定税收规则？如何制定地方税的税收规则？显然我国税收法定原则的落实远非简单地将现有规范 14 个税种的行政法规上升为法律。事实上，这些复杂而棘手的问题是在落实税收法定原则的过程中必然存在的问题，而为实现在全面落实税收法定原则的总的目标，学界必须尽快澄清这些问题。当然，鉴于税收法定原则源于西方国家，相关问题的研究需要适当借鉴西方国家的成熟经验，为此，本文将在详细阐述意大利在适用税收法定原则方面的立法、司法等实践与相关学说理论的基础上，立足我国现实需要和本土资源，就我国如何落实税收法定原则澄清相关问题并提出建议。

二、从自我课征原则到税收等强制性财产给付法定原则

（一）税收等强制性财产给付法定原则的起源：自我课征原则

国家课征税收必须经过被课征人（通过他们的代表所表达）的同意，在确认这一要求的历史文件中，最著名的是 1215 年的《英国大宪章》（以下简称《大宪章》）。不过，需要指出的是，早在 1091 年以前，在西班牙卡斯蒂利亚王国，面对国王对税的课征要求，法庭就已经主张被课征人具有监控的权利，在 11 世纪和 12 世纪的意大利，当时的地方议会也已经确认了被课征人自我课税的权利。[1]此外，需要特别指出的是，1215 年《大宪章》所确认的原则尚不能被称为税收法定原则，因为其并没有明确规定国王需要通过法律向公民课征税收，同时由于《大宪章》并没有将需要得到被课征者同意的负担局限于税收，因此其所确认的是自我课征原则。而与《大宪章》一致，英国 1628 年《权利请愿书》和法国 1789 年《人权和公民权宣言》所确认

---

〔1〕 Cfr. Gaspare Falsitta, *Manuale di diritto tributario*, *parte generale*, CEDAM, 2010, p. 146.

的也都是自我课征原则。其中,《权利请愿书》第 1 条规定,贡税(tallage)或补助金(aid),如未经本王国大主教、主教、伯爵、男爵、骑士、市民及平民中其他自由人之惠然同意,则国王或其嗣君不得于本王国内课征。《人权和公民权宣言》第 14 条规定,所有公民都有权亲身或由其代表决定公共捐贡(contribution)的必要性,自由地加以批准,知悉其用途,并决定数额、分摊、评估方式和征收期限。据此,根据自我课征原则,不仅税收,其他对公民财产权造成侵害的强制性财产给付,不管以何种名目出现,例如捐贡、补助金、费用(charge)等,都需要经过被课征者的同意。

在意大利,其 1848 年《阿尔贝蒂诺宪章》(Statuto Albertino)(作为当时的意大利王国宪法,以下简称 1848 年《宪章》)首次在宪法上规定了自我课征原则。1848 年《宪章》第 30 条(以下简称"第 30 条")规定,如果没有议会的同意和国王的批准,(强制性)捐贡(tributo)不可以课征或征收。[1]不过,由于该条款仅仅规定课征或征收需要经过议会的同意,并没有明确规定需要通过法律来课征或征收,因此该条款所确认的原则还不能被称为税收法定原则。[2]当国王向他的民众请求补助(金)和特别税的时候,"议会的同意"这一表述记入了一项最古老的条件,即臣民的同意,通过他们的代表所表达。第 30 条因此使得议会相对于国王和政府(代表了国王)的弱势地位有所提升。根据自我课税原则,臣民承认特定花费(基于他们的利益)的有用性,同意这些花费并准备支付。事实上,考虑到

---

〔1〕 该条款意大利文原文:Nessun tributo può essere imposto o riscosso se non è stato consentito dalle Camere e sanzionato dal Re.

〔2〕 Cfr. Lucio D'Acunto, *Dal principio dell'autoimposizione al principio di legalità*, in L'Amministrazione italiana, fasc. 6, 1973, p. 800.

国家财政的需求，就自己在税收方面的牺牲，臣民无非是希望得到一个理由。

不过，意大利在 1848 年《宪章》实施的后期，在强制性财产给付领域出现了许多专断者，这并不是因为第 30 条的自有功能没有实现，而是因为 1848 年《宪章》本身的不合适：反映过时的思想，不再符合社会要求。随着宪章机构的垮台，1848 年《宪章》也失去了存在意义，但是第 30 条所规定的自我课征原则存活了下来。

（二）自我课征原则向税收等强制性财产给付法定原则的演变

意大利在二战之后制定的 1947 年宪法，即意大利现有宪法（以下简称《意大利宪法》），在保留 1848 年《宪章》第 30 条的同时，基于现代社会的发展变化，对该条款做了较大的修改。1947 年《意大利宪法》在第 1 章（公民的权利和义务）第 1 节（公民关系）第 23 条规定："如果不是根据法律，人身或财产的给付不可以被课征"。[1]因此，自我课征原则停止成为原宪章制度的一项另类规则（民众意愿在原宪章中的唯一体现），被并入到法定原则中，即演变为涵括税收法定原则的强制性财产给付法定原则，法律格言"无法律无捐贡"（nullum tributum sine lege）在《意大利宪法》中得以体现。鉴于法定原则不仅存在于税法中，还存在于刑法、行政法等领域，相比于自我课征原则，法定原则是一项更广泛的原则。

1848 年《宪章》第 30 条和《意大利宪法》第 23 条都是基于公民保护而规定，都肯定公民的意愿，但两者在产生背景、在宪章或宪法中的地位和内容上都存在着差异，因为在 1848 年

---

〔1〕 该条款意大利文原文：Nessuna prestazione personale o patrimoniale può essere imposta se non in base alla legge.

《宪章》和 1947 年《意大利宪法》中间的一百年里，意大利在国家政治、经济和思想等方面发生了深刻的变化。首先，1848年《宪章》存在于意大利转型和未来发展不确定的时期，国家依然处于封建思想之下，民主思想正被逐步确认，但尚未起主导地位，可以说 1848 年《宪章》是这两种思想斗争的产物。而1947 年《意大利宪法》是基于以下一类民众的要求而产生：完全意识到自己的权利，同时认为这些权利需要得到实现。其次，与 1947 年《意大利宪法》将公民权利条款置于宪法的基础地位不同，1848 年《宪章》还是倾向于国王的意愿，强调君主授予，因此将王位置于国家组织的中心，而确保王朝存续的条款在数量和重要性上都占优势。关于公民权利的条款很少，不构成 1848 年《宪章》的基础，只是作为其补充而存在，因此，第30 条对整个宪章而言属于另类规则。从自我课征原则到强制性财产给付法定原则的演变乃是与时代的变迁相适应。就像下文将阐述的那样，在现代社会，税收等强制性财产给付法定原则在解释上所应当保护的不再仅仅是私人的利益，还应当保护国家共同体的一般利益。[1]进一步而言，议会是共同体的代表机构，议会制定的法律与公民（整体）代表性要求相符合，反映的是民众的意愿，而不是多数人的意愿，因此，税收等强制性财产给付法定原则所保护的一般或公共利益可以说是个人利益（当然也包括少数人利益）权衡后的合成。最后需要说明的是，考虑到税收是最典型也是最重要的一种强制性财产给付，为行文方便，除讨论适用法定原则的强制性财产给付的范围以外，下文论述将以税收指称强制性财产给付，并以税收法定原则指

---

〔1〕 Cfr. Luciana Di Renzo, *Principi di legalità*: *art*. 23 *cost*., disponibile nel sito seguente: http://www. federica. unina. it/giurisprudenza/diritto-finanziario-cattedra-3/art23/2/il 10 ottobre 2016, 最后访问日期: 2016 年 12 月 13 日。

称强制性财产给付法定原则。

三、税收法定原则适用的基本内容：基于意大利的经验

(一)"课税同意"与代表民主制度

在现代社会，尽管自我课征原则已经演变为税收法定原则，但实质精神并没有发生改变，即作为课税民主的概括表述，课税需要纳税人的同意。这里需要进一步阐明的是，"同意"的含义应当如何理解以及纳税人是如何来表达这种"同意"的。

第一，"同意"并不是指集合体中的需要纳税的单个成员的决定行为，否则就无法称为"税"。对税的单个同意，涉及全体一致同意的要求，这是无法接受的，因为如果税的给付将对所有人都有利，即受益无法在不同人之间进行区分，或者说在无法区分的公共服务的费用分摊情形，不同意者（即使不承担相关费用）也将享受一样的利益。这样，"同意"应当是指实质性和多数的社会默许或接受，这对任何有组织的共存形式的正确运行而言都是必要的，尤其是对任何税制的正确运行而言。事实上，关于有组织的共存形式以及公共费用分摊方式等选择，正是（也仅仅是）为了取得一个足够的社会认同（也就是接受）程度，通过在议会中的政治调解，代表机构在历史上才得以被肯定。所以，"课税同意"的含义与代表和政治调解机制的运行（当然，并不完美）是一致的。[1]

第二，"课税同意"有助于公民对直接参与影响国家收入和公共费用的政策选择的诉求得到支持，而这种诉求在今天也已经变得非常强烈，但直接民主制度在税收领域的应用依然罕见。

---

〔1〕 Cfr. Andrea Fedele, *Federalismo fiscale e riserva di legge*, in Rassegna Tributaria, n. 6/2010, p. 1527.

在课税同意的表达方面，《意大利宪法》偏向于通过代表民主制度，也就是说公民只能通过他们在议会中的代表来表达对某一项课税给付同意与否的意愿，并最终体现为法律的颁布与否（或废除），公民个人无法直接表达这一意愿。对此，《意大利宪法》明确规定法律废除公投（referendum abrogativo）不适用于税法，排除了最重要的直接民主制度在税收领域的应用。根据《意大利宪法》第 75 条第 1 款的规定，意大利公民就法律的废除拥有公投的权利，不过该条第 2 款明确规定禁止旨在废除税法（包括实体法和程序法）的公投。[1]禁止的原因在于阻止选民受到蛊惑、煽动，使税收制度因公投而削弱，这样可以避免国家税收利益（确定而快速征收税款）受到损害。[2]除全民公投可能会影响到公共费用的正确分摊以外，禁止通过公投来废除税法的正当性还在于公共费用分摊规范体现集体价值。事实上，"关于财税内容选择的行动乃是为实现共同利益或一般利益，属于集体行动（atto collegiale），体现了功用主义，在这一行动中，单个的个人意志（们）削减为一项旨在集合体整体利益的有效决定"[3]。最后，需要强调的是，直接民主制度仅仅不适用于公共费用的分摊，对于税收收入的使用，在意大利存在一定程度上符合直接民主要求的制度。[4]

---

〔1〕 Cfr. art. 75 della Costituzione della Repubblica Italiana.

〔2〕 Cfr. Gaspare Falsitta, *Manuale di diritto tributario*, *parte generale*, CEDAM, 2010, p. 68.

〔3〕 Andrea Fedele, *Federalismo fiscale e riserva di legge*, in Rassegna Tributaria, 2010, n. 6, p. 1528.

〔4〕 例如，意大利通过 2005 年（12 月 23 日）第 266 号法律引入的"千分之五"（5 per mille）制度。根据该制度，个人所得税纳税人有决定将其缴纳的所得税中的千分之五部分用于特定部门的选择权，在年度申报中注明使用部分。其中，特定部门包括志愿兵役、科学研究、大学教育、医疗、业余体育活动、市镇执行的社会政策。

（二）作为课征对象的财产给付的范围

这里所要阐述的是强制性财产给付法定原则在客体方面的适用范围，即除了税收以外，还有哪些对公民课征的财产给付也需要适用法定原则。对此，首先需要指出的是，根据《意大利宪法》第 23 条的规定，需要具有法律基础的公民给付义务包括人身给付义务和财产给付义务。其中，人身给付义务包括国家无偿征调公民从事劳务活动或者服兵役等，构成了国家对公民自由权的限制。而国家通过向公民课征税收等财产给付义务，构成了对公民财产权的限制。该条款如此规定，反映出公民财产权的保护应当具有与公民自由权的保护同样的地位。

不过，强制性财产给付法定原则并不适用于所有能够造成私人财产减少的财产给付。根据第 23 条所使用的"课征"（imposizione）一词，由于"课征"意指强制性、专断性（不管缴纳人的意愿如何），适用法定原则的财产给付仅指强制性财产给付。至于强制性财产给付的含义，根据意大利宪法法院的判决，可以分别从形式上的强制性财产给付和实质上的强制性财产给付来理解，为此，第 23 条中的强制性含义要广于传统上的强制性含义。意大利宪法法院一开始仅从形式上的意义来解释，即财产给付课征是通过一项威权公文（atto autoritativo）实现的，其效力不取决于缴纳人的意愿，构成所谓的形式上的强制性财产给付。据此，除了三类典型的强制性财产给付以外，即税（imposta）、费（tassa）和特殊捐贡（contributo），（行政）罚款[1]、山区的集水盆地用水费[2]、公共张贴费[3]、药物的强制性打

---

[1]　Cfr. la sentenza di Corte Costituzionale del 15 maggio 1963, n. 68.

[2]　Cfr. la sentenza di Corte Costituzionale del 8 luglio 1957, n. 122.

[3]　Cfr. la sentenza di Corte Costituzionale del 27 giugno 1959, n. 36.

折〔1〕、基于土地改造费用分摊的捐贡〔2〕等都被认为属于《意大利宪法》第 23 条所规定的强制性财产给付。随后，意大利宪法法院认为实质上的强制性财产给付也应当属于《意大利宪法》第 23 条所规定的财产给付。所谓实质上的强制性财产给付存在于以下情形：尽管源自合同，给付义务构成一项旨在满足基本需求的公共服务的对价，而该项公共服务的提供是基于垄断。在这样的情形，公民只有签订或不签订合同的自由，而这种自由仅仅是抽象的，因为公民只能选择放弃享受某种基本需求或接受事先单方面确定的义务和条件。〔3〕这样，国有财产使用费〔4〕、电费〔5〕、汽车强制保险费〔6〕、消防人员提供的服务费〔7〕、船舶靠岸费〔8〕等都被认为属于《意大利宪法》第 23 条所规定的强制性财产给付。需要特别指出的是，在意大利虽然受法定原则约束的强制性财产给付的范围非常广，但依然有一些强制性财产给付并不在《意大利宪法》第 23 条规定的强制性财产给付法定原则的适用范围内。不在此范围内，乃是因为这些强制性财产给付已经由其他宪法条款所规范。例如，由《意大利宪法》第 25 条规定的（刑事）罚金（只能由法律规定）、由《意大利宪法》第 42 条规定的为公共事业而对私人财产的征收、征用和由《意大利宪法》第 41 条规定的表现为消极内容的财产给

〔1〕 Cfr. la sentenza di Corte Costituzionale del 16 dicembre 1960, n. 70.

〔2〕 Cfr. la sentenza di Corte Costituzionale del 3 maggio 1963, n. 55.

〔3〕 Cfr. Francesco Tesauro, *Istituzioni di diritto tributario-1. parte generale*, Utet Giuridica, 2006, p. 18.

〔4〕 Cfr. la sentenza di Corte Costituzionale del 10 giugno 1994, n. 236.

〔5〕 Cfr. la sentenza di Corte Costituzionale del 20 maggio 1998, n. 174.

〔6〕 Cfr. la sentenza di Corte Costituzionale del 19 giugno 1998, n. 215.

〔7〕 Cfr. la sentenza di Corte Costituzionale del 15 marzo 1994, n. 90.

〔8〕 Cfr. la sentenza di Corte Costituzionale del 2 febbraio 1988, n. 127.

付（即限制私人的自由经营活动）。最后，为更好地理解《意大利宪法》第 23 条所规定的强制性财产给付，以下通过举例分别就费、特殊捐贡和实质上的强制性财产给付进行具体阐述。

1. 费

费，是指公民为享受一项公共服务而不得不向公共机构缴纳的强制性财产给付。其中，相关公共服务在个人受益计量上是可划分的，例如教育。同时，与税不同的是，公共服务的享受是基于个人的请求。此外，费的课征乃是基于受益标准，与税的课征基于量能标准也不同。虽然费的缴纳义务不是基于合同，但与实质上的强制性财产给付一样的是，费的强制性也体现在公民享受公共服务的选择自由仅仅是抽象的，即要么选择放弃享受，要么选择接受事先单方面确定的义务和条件来享受，因为这类公共服务只有相关公共机构才能提供。在意大利，费属于法律规定的事项，早在 1848 年《宪章》第 30 条的规定下就已经确认。[1]

2. 特殊捐贡

特殊捐贡，是指为公共开支融资而课征的一种强制性财产给付，其中，公共开支乃是为满足在个人受益计量上可划分的公共服务，但公共服务的享受不是基于个人的请求。根据意大利税法学者的观点，不同的特殊捐贡事实上在属性上可以分别被归为税或费。例如，道路使用特殊捐贡（contributo diutenza stradale），缴纳主体因实施工业或商业贸易活动，使用他们的交通工具，造成了道路额外或异常的磨损并加重了公共机构的道路维护义务，因而缴纳这一特殊捐贡，可被视为一种道路费用

---

〔1〕 Cfr. Lucio D' Acunto, *Dal principio dell' autoimposizione al principio di legalità*, in L'Amministrazione italiana, fasc. 6, 1973, p. 801.

的额外收费。再如，国家医疗服务特殊捐贡（contributo al servizio sanitario nazionale），呈现出一种附加税或者所得税的属性，因为其以自然人的收入作为课征事实。

3. 实质上的强制性财产给付

例如，顾客因为使用电话而向具有经营特许的电话公司支付的电话费。尽管电话费支付义务并不产生于行政措施，而是产生于顾客与服务提供商签订的合同。在这一合同签订的过程中，必然介入当事方的主观意愿，而这是否就排除了支付义务属于强制性财产给付的可能？对此，意大利宪法法院在 1969 年的一项判决中认为在满足特定的条件下，电话费支付义务也属于《意大利宪法》第 23 条所规定的强制性财产给付，理由如下：尽管顾客给付义务的直接来源是合同，顾客和享有特许权的经营者之间法律关系的属性也不会受（电话公司经营）特许的公法特性和法律赋予政府确定费率的权力的影响，但这些结论本身并不足以证明第 23 条不应当适用。顾客和经营者都是私主体，他们之间关系的发生受私法规范的调整，但这并不必然就否定电信服务（1936 年第 546 号国王政令规定由国家垄断管理）具有公共性质。根据先例，给付义务的强制性属性并不仅因为服务的请求取决于私主体的意愿这一事实而被排除。考虑到特殊的重要性，一项服务被保留给国家垄断管理，同时该项服务又是对基本生活而言不可或缺的，在这样的条件下，如果服务价格由国家单方面确定，就应当与强制性财产给付义务相似了。当上述条件满足时，服务对价的支付义务以顾客产生使用服务的意图为前提，这一事实对于判断是否属于强制性给付义务而言就不再起着决定性的作用。虽然，公民是有签订或不签订合同的自由，但这种自由已弱化为要么选择放弃基本生活需求，要么选择接受以单方面、专断方式事先确定的条件和义务。而这仅仅是一种形式上的自由，因为选择前者将意味着牺牲一项重要的利益。[1]

（三）作为课征基础的法律的范围

《意大利宪法》第 23 条所规定的"法律"（legge），不仅指国家议会通过的法律，即所谓的一般法律，还指任何具有法律效力的规范性文件，即所谓的特殊法律，具体包括法律令（decreto-legge）、立法令（decreto legislativo）和大区法律（legge regionale）。[2]不过，这些特殊法律得以在税收法定原则下存在所基于的缘由各不相同。

1. 法律令与行政程序的效率

在意大利，立法职能由议会承担，但是中央政府也可以颁布具有法律效力的政令，其中之一便是法律令。根据《意大利宪法》第 77 条的规定，中央政府颁布法律令无需议会授权，不过仅在一些必要和紧急的特殊情况下采用，属于具有法律效力的临时措施。具体而言，法律令规定的内容需要在 60 天内转变为一般法律，否则将从法律令采用之日起（溯及既往地）丧失效力。[3]法律令曾在税收领域被很频繁地采用，这是因为通过中央政府颁布法律令（生效时间短），可以对有关课税问题作出迅速的必要的反应。例如，为引入或增加消费课税，颁布法律令可以避免纳税人囤积居奇作为消费课税对象的货物；再如，为引入反避税规则，颁布法律令可以避免纳税人争相实施规则所针对的行为和交易。此外，颁布法律令还是为了应对国家融资的要求，即当出现对财政收入紧急需求的时候，例如国家颁

---

〔1〕 Cfr. la sentenza di Corte Costituzionale del 9 aprile 1969, n. 72.

〔2〕 Cfr. Giuseppe Ripa, *La fiscalità d'impresa*, CEDAM, 2011, p. 15; Gaspare Falsitta, *Manuale di diritto tributario*, *parte generale*, CEDAM, 2010, p. 151.

〔3〕 Cfr. art. 77 della Costituzione della Repubblica Italiana.

布需要新开支的规则。[1]意大利曾习惯性地采用法律令，无疑是为了避免议会程序的拖拉和缓慢。不过，法律令也曾经常没有被转化为一般法律，规定的内容则是通过中央政府重复颁布相同内容的法律令来维持实施。[2]不过，意大利宪法法院在1996年的一项判决中否定了这一惯例[3]，同时，意大利2000年《纳税人权利宪章》第4条规定禁止法律令引入新的税种以及现有的税种适用于新的其他类型的主体[4]，因此意大利目前采用更频繁的是授权法令（decreto delegato）。

2. 立法令与授权立法

根据《意大利宪法》第76条的规定，议会可以授权政府实施立法职能，但需要确定原则和指导标准，并且政府只能针对议会确定的客体在一个有限的时间内实施。[5]而中央政府实施授权立法，颁布另一项具有法律效力的政令，即立法令，因此立法令又称为授权法令。在税收领域基于授权立法采用立法令，主要原因在于税收规则的技术性，通常体现为法学家通过一般的法学培训所不能掌握的一些知识，例如资本所得，需要了解金融市场；企业经营所得，需要了解会计；此外还体现在税法涉及的一些计算问题，例如资本弱化。无疑，这些税收规则在议会层面讨论和制定存在困难。事实上，当税收立法客体涉及的面非常广

---

[1] Cfr. Francesco Tesauro, *Istituzioni di diritto tributario*-1. *parte generale*, Utet Giuridica, 2006, p. 21.

[2] Cfr. Francesco Tesauro, *Istituzioni di diritto tributario*-1. *parte generale*, Utet Giuridica, 2006, p. 22.

[3] Cfr. la sentenza, n. 360 del 1996, della Corte Costituzionale.

[4] Cfr. art. 4 della legge 27 luglio 2000, n. 212, su "Disposizioni in materia di statuto dei diritti del contribuente".

[5] Cfr. art. 76 della Costituzione della Repubblica Italiana.

的时候，尤其需要授权立法。例如，在 1971 年[1]、2003 年[2] 和 2014 年[3]，意大利议会分别颁布专门的法律授权政府实施税制改革，而意大利中央政府根据这些授权颁布相关立法令。在授权内容上，以 2003 年颁布的《80 号法令》第 5 条为例，该条从九个方面详细规定了关于增值税改革的原则和指导标准。例如 "逐步减少税基的不可抵扣和扭曲项目，使得与真正和典型的对消费征税的结构相符合""与消费税相协调，以减少重复征税效果""根据特定行业的特殊性，合理化增值税特殊制度""简化和合理化退税规则""对增值税可抵扣的形式要求和所得税可扣除的形式要求进行协调" 等。[4]同时，2003 年颁布的《80 号法令》第 8 条规定执行税制改革的立法令需要在 2 年内颁布。

在意大利，税收领域的授权立法早在 1848 年《宪章》第 30 条的规定下就已经存在。由于中央政府实施授权立法受到议会颁布的授权法律的制约，立法令并没有违背法定原则。事实上，在早期，基于立法令，授权还经常被赋予市镇、省和其他自治机构的选举机构，当然，授权局限于对这些机构的管理而言是必要的强制性收入的范围内。[5]需要强调的是，符合税收法定原则的立法授权必须是明确的，这一点对于防止政府任意实施授权立法而侵害纳税人财产权尤为关键。

---

〔1〕 Cfr. Legge 9 ottobre 1971, n. 825, su "Delega legislativa al Governo della Repubblica per la riforma tributaria".

〔2〕 Cfr. Legge 7 aprile 2003, n. 80, su "Delega al Governo per la riforma del sistema fiscale statale". 根据法律名称，这次税制改革为国家税制改革，不涉及地方税。

〔3〕 Cfr. Legge 11 marzo 2014, n. 23, su "Delega al Governo recante disposizioni per un sistema fiscale più equo, trasparente e orientato alla crescita". 根据法律名称判断，这次税制改革的目标是建立更加公平、透明和以增长为导向的税收制度。

〔4〕 Cfr. art. 5 della legge 7 aprile 2003, n. 80.

〔5〕 Cfr. Lucio D'Acunto, *Dal principio dell'autoimposizione al principio dilegalità*, in L'Amministrazione italiana, fasc. 6, 1973, p. 801.

3. 大区法律与地方财政自治

除国家一级，意大利行政区划具体分为大区（regione）、省和市镇三级，大区分为若干省，省又分为若干市镇。[1]根据《意大利宪法》第 117 条的规定，大区法律属于大区议会因实施大区竞合或剩余立法权（competenza concorrente or esiduale）而颁布的规范性文件，仅在颁布大区法律的大区内有效。[2]意大利宪法法院早在 1965 年的一项判决中就肯定大区法律属于《意大利宪法》第 23 条规定的法律，理由如下：一方面，如果只有国家（中央）层面的法律才能课征强制性财产给付，那么将排除大区的税收规范权力，而这与其他赋予大区这项权力的宪法条款相违背。同时，如果将法律仅仅理解为因国家实施专属立法权而颁布的规范性文件，也将导致同样的结果。这样解释第 23 条规定的法律概念，属于对第 23 条的任意、不合理的限制解释，鉴于大区因实施其竞合或剩余立法权而颁布的规范性文件属于宪法文本语言所用的"法律"，否则将否定大区所拥有的被宪法法院所认可的竞合和剩余立法权；另一方面，第 23 条的价值在于规定一项立法保留，以保护个人法律地位（权利）。因为这种保留旨在排除公共权力对个人法律地位（权利）的任何没有法律上的基础或并不是由法律规定的限制和侵害。基于制度的逻辑性，上述保护不管是在国家层面还是大区层面都应当以同样的方式发挥作用。[3]

大区法律属于第 23 条所规定的法律，源于大区在税收领域享有一定的立法权。事实上，关于立法权限分配的《意大利宪

---

[1] 目前，大区数量为 20 个（包括 5 个自治区），省数量为 101 个，市镇数量为 8047 个。Cfr. *Codici comuni*, *province e regioni*, istat. it. URL consultato il 2016-09-02.

[2] Cfr. art. 117 della Costituzione della Repubblica Italiana.

[3] Cfr. para. 6 della sentenza, n. 64 del 1965, della Corte Costituzionale.

法》第 117 条并没有将税收规定在国家享有专属立法权的领域，而在国家和大区享有竞合立法权的领域规定了公共财政与税收制度的协调。此外，需要强调的是，在没有被明确规定保留给国家立法的领域，大区享有剩余立法权。大区在税收领域享有一定的立法权又源于承认和促进地方自治的需要，具体而言，与实现财政联邦主义密不可分。根据《意大利宪法》第 5 条的规定，共和国认可和促进地方自治。[1]根据第 119 条的规定，大区（以及省和市镇）具有收入和开支方面的财政自治以及自有的财源，同时，在不与宪法以及公共财政和税收制度协调原则冲突的前提下，大区可规定自身的税收等强制性金钱给付收入。[2]这样，对于由国家法律（包括立法令）规定的大区自有税而言[3]，大区的立法权并非仅仅旨在执行和补充国家法律，还是第一位性的立法权，大区法律也属于第一位性法源（相对于条例、规章等第二位性法源），不受国家立法的限制。也为此，税收法定原则对以财政联邦主义为导向的财政体制改革并不会施加重大的限制，相反，对大区规范自治的扩大的实质性限制来自《意大利宪法》第 117 条关于"税制协调"的规定。事实上，为避免损害意大利整体税制的协调性，意大利宪法法院基于严格解释，将大区的税收立法权局限于那些大区自有的税，即那些尚未被国家法律所规范的税，而考虑到现存几乎所有的税都是由国家法律引入和规范，大区税收立法权职能局限于因执行国家议会颁布的授权立法而可能引入的新的税收。[4]

---

〔1〕　Cfr. art. 5 della Costituzione della Repubblica Italiana.

〔2〕　Cfr. art. 119 della Costituzione della Repubblica Italiana.

〔3〕　例如，基于 1997 年第 446 号立法令（decreto legislativo 15 dicembre 1997 n. 446）引入的大区生产活动税（imposta regionale sulle attività produttive）。

〔4〕　Cfr. Andrea Fedele, *Federalismo fiscale e riserva di legge*, in Rassegna Tributaria, 2010, n. 6. p. 1534.

因此，目前在意大利，是"税制协调"要求限制了大区以及省、市镇实现真正和自有的税收政策的可能性，而非税收法定原则。

最后，需要说明的是，根据"无代表无征税"的要求，由大区公民代表组成的大区议会可以规范大区公共费用分摊的标准，换言之，大区法律规范大区税符合税收法定原则之民主课税的精神。不过，省和市镇议会却并没有这项权力，它们颁布的规范性文件不属于《意大利宪法》第 23 条所规定的法律，省和市镇也因此无法对税制以及税制中的税收的构成产生实质的影响。这是因为，税收规范权限分配的宪法性设计建立在承认足够宽的选民基础为必要条件的基础之上，而只有足够宽的选民基础，体现出不同方面利益的政治构成才可以有效地实现。而对于省，尤其是市镇而言，选民基础太窄，不仅体现在人数方面，而且体现在地域差异、生产活动、文化传统和社会关系等方面。这样，当选者对他们选民通常关注的眼前利益更难进行评估和调和，同时，对少数人欺压和排斥的要求也更可能占据上风。[1]

四、税收法定原则适用的特点：法律保留的相对性

（一）税收法律保留相对性的基本内容

根据税收法定原则的一般要求，政府对公民课税或公民向政府缴纳税款必须依据法律，课税无疑属于保留给议会制定法律的事项，因此，税收法定原则又可以称为税收法律保留原则。不过，进一步考察意大利经验中的税收法定原则适用，税收法律保留并非绝对，而是相对。[2]这既与税收法定原则的起源相

---

〔1〕 Cfr. Andrea Fedele, *Federalismo fiscale e riserva di legge*, in Rassegna Tributaria, 2010, n. 6. p. 1531.

〔2〕 需要指出的是，与税收法定原则不同，罪刑法定原则属于绝对法律保留原则。

关，也与《意大利宪法》第 23 条关于税收法定原则规定的方式有关，尤其是后者。由于第 23 条并没有规定税的课征只能由法律规定，而是规定税的课征需要根据法律，因此，根据意大利宪法法院给出的文义解释，为满足税收法律保留的要求，课税要件在法律中具有基础即可。[1]因此，并非所有关于税收的规则都必须在法律中予以规定，法律只需要规定最低限度的内容即可（其他内容可以由第二位性法源进行规定），仅当法律规定的内容在该限度以下，才构成对法律保留原则的违背。那么，课税法律基础或最低限度的内容具体体现为怎样的税收规则？对此，需要从狭义的角度来理解税收规则。

1. 属于法律保留的税收规则

首先，根据税收法定原则的起源，税收法定原则的功能在于限制国家课税权和保护公民财产权，但关注的是课税产生和构成阶段或课税本身，并不关注税收程序法规则所涉及的课税实现阶段或课税的方式，因为后者通常并不侵蚀私人领域。[2]进一步而言，税收法定原则仅关注公共费用的分摊，或者说公民是否承担以及承担怎样、多少的纳税义务需要由议会决定，至于如何实现公民的纳税义务或者说如何将税款入库，并不在该原则起源所关注的范围内。因此，根据意大利税法学说，需要法律保留的税收规则仅仅涉及税收实体法规则，例如关于征税行为、税基、税率、处罚等规则，而不涉及税收程序法规则，例如关于税收查定、征收、举证等规则。[3]当然，税收法律保

---

[1] Cfr. la sentenza di Corte Costituzionale del 26 gennaio 1957, n. 4.

[2] Cfr. Enrico De Mita, *Principi di diritto tributario*, Giuffrè Editore, 2007, p. 107.

[3] Cfr. Gaspare Falsitta, *Manuale di diritto tributario*, *parte generale*, CEDAM, 2010, p. 151; Francesco Tesauro, *Istituzioni di diritto tributario-1. parte generale*, Utet Giuridica, 2006, p. 19.

留不涉及税收程序法规则，并不意味着政府在税收程序领域可以不受限制地侵害公民的财产权。在意大利，政府颁布的条例等规范性文件，如果违反宪法、法律而侵害公民的财产权，例如违反《意大利宪法》第53条所规定的量能课税原则，可被法院判定非法或不适用。不过，基于税收法定原则的税收法律保留不涉及程序性事项，并不意味着税收程序法规则就不需要制定法律。事实上，在法治国家，根据依法行政的要求，关于征税机关的设立、征税机关在税款征收方面的权力和程序等基本规则也需要制定法律，而相关内容可能在宪法其他条款中予以规定，例如《意大利宪法》第14条第3款规定税务调查、检查由特别法律规范。[1]

其次，如果将税收实体法规则进一步分为定性税收规则和定量税收规则的话，只有前者才是必须在法律中予以规定的内容。[2]所谓定性税收规则，是指识别是否存在纳税义务的税收规则，涉及征税行为在主体（包括纳税人、扣缴义务人、连带缴纳义务人等）、客体（取得收入、消费商品或服务、拥有财产、实施特定行为等）、时间（收入取得、交易完成等时间以及纳税义务产生时间等）和空间或地域（哪国公民或国籍、居住、住所地、收入取得、财产所在、契约履行地等）四个方面的规则。此外，关于是否应当给予纳税人税务行政处罚的规则也属于定性的税收规则。当然，从合宪性的角度，这些在法律中规定的基本内容必须足够明确。所谓定量税收规则，是指决定纳税义务数额大小的规则，例如税基、税率和罚款金额等。虽然，基于立法授权，定量税收规则可以由政府制定的条例等第二位性

---

〔1〕 Cfr. art. 14, comma 2, della Costituzione della Repubblica Italiana.

〔2〕 Cfr. Gaspare Falsitta, *Manuale di diritto tributario*, *parte generale*, CEDAM, 2010, p. 152.

法源进行规范[1]，但这并不意味着定量税收规则完全可以由政府来规范。法律中必须就定量税收规则事先规定相关原则和标准，例如在税基计算标准、税率方面规定最高（或同时规定最低）限值，来指导和限制政府关于纳税义务数额的选择。对此，意大利宪法法院在早期的判决中就认可这一点，例如在1963年作出的一项判决。[2]该判决涉及矿泉水生产特殊税，属于市镇税，由水源截取地的市镇征收，而1952年第703号法律在引入该税时仅规定最高税率为3%，具体税率由市镇确定，税基则为截取的水的价值。定量税收规则可以由政府在一定范围内进行规范，主要是基于两个方面的考虑：一方面是政府需要拥有适当的自由裁量权，尤其是技术性自由裁量权；另一方面是为赋予地方行政部门一定的自治空间，毕竟意大利宪法亦认可和促进地方自治。因此，税收法律保留的相对性亦是对《意大利宪法》第23条系统解释的结果。

最后，需要特别指出的是，根据税收法定原则的起源，税收法律保留乃是为限制国家课税权以保护公民财产权，这样那些对纳税人有利的税收实体法规则，例如税收优惠规则，并不在法律保留的范围内。[3]事实上，这些税收规则的合宪性问题并不是根据税收法定原则进行考量，而是根据其他宪法条款进行考量，例如《意大利宪法》第3条平等原则条款以及第53条量能课税原则条款。[4]

---

　[1]　Cfr. Andrea Fedele, *La riserva di legge*, in Trattato di diritto tributario, diretto da Amatucci, volume I, tomo I, Padova, 1994, p. 181.

　[2]　Cfr. la sentenza di Corte Costituzionale del 18 giugno 1963, n. 93.

　[3]　Cfr. Pasquale Russo, *Manuale di diritto tributario*, *parte generale*, Giuffrè, 2007, p. 47.

　[4]　Cfr. art. 3 e art. 52 della Costituzione della Repubblica Italiana.

2. 政府第二位性法源规范的税收规则

在意大利，第二位性法源是指由政府制定、不具有法律效力的规范性文件，通常称为条例。而条例又具体分为以下几类：政府条例（regolamento governativo），即专指中央政府（类似于我国的国务院）条例，由共和国总统颁布；内阁主席或总理条例（regolamento del Presidente di Consiglio），由内阁主席或总理颁布；部际条例（regolamento interministeriale），由中央政府若干组成部门的部长联合颁布；部长条例（regolamento ministeriale），由某一中央政府组成部门（例如财政部）的部长颁布；大区、省和市镇政府颁布的条例。根据前文的阐述，并非所有课税内容都应当由法律来规范，属于税收法律保留的规则仅仅是税收实体法中的定性规则，即关于征税行为基本内容（不包括税收优惠）的规则。这样，这些基本内容以外的内容，尤其是技术性内容，也可以由第二位性法源来规范，在税收领域也形成了所谓的去法律化（delegificazione）现象。不过，对于上述这些条例具体是如何来规范相关税收规则的，还需要作进一步阐述。

第一，中央政府层面的条例。根据规范政府活动的 1988 年第 400 号法律第 17 条第 1 款的规定〔1〕，通过共和国总统颁布的政府条例，根据在税收领域规范的不同内容，可以进一步分为以下三类：（1）执行条例（regolamento di carattere esecutivo）。这类条例仅仅是针对法律规定的基本内容简单地引入细则要求或规定（prescrizioni di dettaglio），以使法律可以被具体地应用。这样，在缺乏法律专门授权的情况下也可以颁布这类条例〔2〕，

---

〔1〕 Cfr. il primo comma dell'art. 17 della legge 23 agosto 1988, n. 400.

〔2〕 Cfr. Francesco Tesauro, *Istituzioni di diritto tributario*-1. *parte generale*, Utet Giuridica, 2006, p. 24.

其在税收领域大量存在。（2）实施或补全条例（regolamento di carattere attuativo o integrativo）。实施或补全条例针对的是仅仅规定原则规则的立法，比执行条例针对的立法更为一般化，可以说，实施或补全条例规定的内容乃是为使立法规范得以完整，没有这些内容，立法将呈现出"空白"。这样，对于税收法律保留的规则，如果立法只规定了原则规则，即没有规定《意大利宪法》第23条所要求的规范内容，不能通过这类条例来实施或补全[1]，但可以通过授权由政府制定立法令。不过，对于不属于税收法律保留的规则，例如税收程序法、税收优惠规则等，可以通过颁布实施或补全条例来规范。（3）授权条例（regolamento delegato）。这类条例针对的是（就某一特定的课税领域）规定了一般规则的立法，通过授权政府制定条例，以达到补全立法规范的目的。值得一提的是，针对这类立法，意大利学界普遍认为，基于补全的目的，规范性文件的属性并不重要，需要补全的立法规范甚至也可以由一般行政行为（attiamministrativi generali）或直接由个人行政措施（provvedimenti amministrativi individuali）来规定[2]，只要规定的内容不违反其他宪法条款[3]。

以上是政府条例规范税收规则的情况，而内阁主席条例、部际条例和部长条例在法律规定或授权的前提下可以规范并不是绝对需要由法律规定的税收规则，尤其是关于纳税数额的定量规则，例如更新不动产定期收益额、确定每年折旧或摊销的额度、确定具体适用的税率以及修订地籍册、批准所得申报使

---

〔1〕 Cfr. Francesco Tesauro, *Istituzioni di diritto tributario*-1. *parte generale*, Utet Giuridica, 2006, p. 25.

〔2〕 即分别指抽象行政行为和具体行政行为。

〔3〕 Cfr. Gaspare Falsitta, *Manuale di diritto tributario*, *parte generale*, CEDAM, 2010, p. 154; Andrea Fedele, *La riserva di legge*, in Trattato di diritto tributario, diretto da Amatucci, volume I, tomo I, Padova, 1994, p. 181.

用的表格等。[1]

第二，中央以下政府层面的条例，具体指大区政府、省和市镇政府颁布的条例。总体而言，就上述政府条例规范税收规则的情况，也适用于这些中央以下政府颁布的条例。由于大区具有立法权，可以制定大区法律来整体规范自有税，而省、市镇没有立法权，这里仅就省、市镇政府关于自有税的规范权做进一步的阐述。针对第一位性法源所规定的基本内容，为贯彻财政联邦主义，省、市镇政府可以颁布条例来进一步规范。事实上，根据旨在促成地方政府税收自治的1997年第446号立法令，省、市镇政府拥有一项一般的条例制定权，只要与它们的自有税相关，条例的制定无需法律的规定或授权。不过，省、市镇政府拥有的规范自治是有限的，换言之，省、市镇政府条例规范的内容有限，仅涉及不属于税收法律保留的规则，即局限于通过确定具体税率和税基来补全分摊标准（税额）、规范税收优惠和税的实现（程序规则）等。[2]

（二）税收法律保留的相对性和政府自由裁量权的限制

基于税收法律保留的相对性，政府（包括地方政府）在税额确定方面拥有一定的规范权力，这一权力的行使属于政府自由裁量的范围。不过，为避免对税收法定原则的违背，政府这一权力需要受到制约，或者说法律需要对政府这一权力的行使规定相关的标准和限制。为避免政府权力行使的任意和专断，法律需要确定征税行为等定性方面的规则、税额的（最高）上限以及相关职能部门对政府权力行使的监控。只有在满足这样

[1] Cfr. Francesco Tesauro, *Istituzioni di diritto tributario*-1. *parte generale*, Utet Giuridica, 2006, pp. 24-25.

[2] Cfr. Andrea Fedele, *Federalismo fiscale e riservadi legge*, in Rassegna Tributaria, n. 6/2010, p. 1530.

的条件下，尽管法律将确定税额的任务赋予政府，对税收等财产给付的课征才符合税收法定原则。不过，由于每一项课征行为都具有自身的特殊性，法律规定的旨在对政府自由裁量权行使进行制约的标准和限制会因课征行为的不同而所有不同。事实上，定量规则在由政府进行规范时，政府自由裁量权的限制不仅可以通过第一位性法源规定最大限值的税率、税基得以实现，还可以通过第一位性法源规定其他方式得以实现。[1]这些方式能否被认同，判断的原则是所谓的充足原则（principiodisufficienza），即相关方式是否足以有效限制政府的自由裁量权。

1. 规定税基确定的客观因素

例如，意大利宪法法院 1965 年的一项判决对规定其确定的客观因素这一方式予以了肯定。[2]该判决涉及的是不动产税，属于市镇税，由不动产所在地市镇征收。1960 年第 131 号法律将作为税基确定因素的系数（该系数乘以不动产定期收益，例如地租，即为税基）委托给财政部按年进行调整，[3]不过，该法律规定系数需要建立在近些年的平均租金变化基础上进行调整。由于平均租金属于客观数据，这一特点足以对财政部的裁量权进行有效的限制，意大利宪法法院认定 1960 年第 131 号法律没有违背《意大利宪法》第 23 条的规定。

2. 规定技术机构的介入

例如，意大利宪法法院 1969 年的一项判决对规定技术机构

---

〔1〕 需要指出的是，除了下文将阐述的三类方式以外，还存在一类方式，即法律规定由被课征主体参与的机构享有课征的决定权。

〔2〕 Cfr. la sentenza di Corte Costituzionale del 31 marzo 1965, n. 16.

〔3〕 根据意大利现有不动产税法，城镇不动产适用的系数通常为 100。参见翁武耀："意大利不动产税对中国房产税制改革的启示"，载《中国税务报》2009 年 11 月 18 日，第 6 版。

的介入这一方式予以了肯定。[1]该案涉及电话费费率的确定，具体而言，涉及 1936 年第 645 号国王政令（regiodecreto）第 232 条关于电话费率确定的规定，根据该条的规定，电话费费率由邮政和电信部（与国库部和工商业部统一发布）政令批准，即由政府来确定。考虑到电话服务作为一项基本服务，根据公共垄断制度来提供，电话费属于一项第 23 条规定课征的强制性金钱给付，费率显然就不能由政府任意确定。因此，第 232 条赋予政府确定服务价格的权力涉嫌构成一项未受限制和监控的权力，从而违背《意大利宪法》第 23 条的规定。不过，意大利宪法法院并没有予以肯定，主要是考虑到在案件审理时，服务价格确定的权力已经转交给价格部际委员会（Comitatointerminis-terialedeiprezzi）[2]，政府已经不能再实施这项权力。该委员会根据 1944 年第 347 号立法令成立，属于国家机构，职能是对价格进行监控，由总理、各部部长和三位专家所组成。委员会的这项权力属于专属权力，服务价格的确定方式也在第 347 号立法令以及之后的一些立法令中规定。考虑到委员会的构成以及职能履行方式的特点——例如根据法律所规定的程序、方法，宪法法院最后认为该权力的实施不是没有限制地可以越界成为保留给立法者实施的因素评估，并且该权力的实施与技术性因素相关，这也限制了该权力实施的范围，这些足以使缴纳人免受课征部门裁量权的任意行使，因此法律赋予价格部际委员会这项权力并不违背《意大利宪法》第 23 条的规定。

---

[1]　Cfr. la sentenza di Corte Costituzionale del 9 aprile 1969，n. 72.

[2]　在 1993 年，价格部际委员会被经济规划部际委员会（Comitato interminis-teriale per la programmazione economica）所替代。

3. 规定政府为特定公共服务提供进行融资的需求

此类限制政府自由裁量权的方式在是否符合法律保留宪法规定的问题上最为复杂，争议也最大。例如，1946 年第 297 号立法令针对烟草引入了一项特殊捐贡，该特殊捐贡分两部分缴纳，收入归作受益机构的烟草实验科学研究所使用。第一部分由烟草垄断管理机构缴纳，不属于课征的强制性金钱给付，属于国家对科研机构的财政援助。第二部分由获得烟草耕种特许权的公司或具有烟草出口许可的公司在向烟草垄断管理部门转让耕种的烟草或出口烟草时根据价格缴纳，属于强制性金钱给付，但是作为第一部分的补充。对于第二部分特殊捐贡，立法令第 3 条将课征标准（依价格的一定比例）的确定权赋予了财政部。[1]这样，关于第二部分特殊捐贡，就产生了立法令第 3 条是否违反宪法第 23 条关于法律保留规定的疑问。对此，意大利最高法院在 1969 年的一项判决中基于以下理由予以了否定：第 297 号立法令规定了特殊捐贡课征行为的主要内容，例如缴纳主体、课征对象等定性方面的内容，并规定是为了满足研究机构的资金需求。而在定量方面的内容，立法令规定计征依据根据烟草垄断价格的规则来确定。课征标准（类似于税率）尽管赋予财政部具体确定，但规定了课征标准的确定方式，即最高不超过 5%，同时以满足受益机构的预算要求为上限。这样，财政部的自由裁量权已经受到客观标准的有效限制。[2]不过，有意大利学者并不认同最高法院提出的关于受到预算要求限制的理由，指出根据《意大利宪法》第 23 条的规定，强制性给付课征的限制基于明确的立法规则，而不是基于预算。在立法令

---

〔1〕 Cfr. art. 3 del Decreto legislativo luogotenenziale 26 marzo 1946, n. 297.

〔2〕 Cfr. la sentenza di Corte di Cassazionedel 19 maggio 1969, n. 1726.

第 3 条的规定下，特殊捐贡的缴纳人需要缴纳的捐贡数额将仅仅取决于受益机构每年财务管理计划中的资金需求，而缴纳人的代表对受益机构财务管理计划制定的参与并不是决定性的，而仅仅是形式上的参与无法达到适合限制权力的客观标准要求。这样对于第二部分的特殊捐贡，使得财政部对课征标准的确定行为并不足以受到有效的限制，违背《意大利宪法》第 23 条的规定。[1]

（三）税收法律保留的相对性与其他关于课税权限制的宪法条款

税收法律保留的相对性体现在可以由法律以外的规范性文件来规范特定的税收规则，其实质在于允许特定的税收规则由政府而不是由体现民主性的机构议会来制定。因此，在意大利，政府制定具有法律效力的税收规范性文件，例如法律令和立法令，事实上也可以被认为是税收法律保留相对性的体现。基于不同原因，税收的法律保留不得不是相对的，但这对课税权的限制和公民财产权的保护并不会产生实质影响，事实上，也不应当产生实质影响。一方面，税收法律保留的相对性仅在满足特定的条件下并在特定的范围内存在；另一方面，也更为重要的是，除侧重对课税权进行形式意义上限制的税收法定原则以外，《意大利宪法》还规定了其他侧重对课税权进行实质意义上限制的原则或条款。换言之，税收法定原则要求课税由法律规定，但这并不能确保制定的税法便是税收良法，而其他宪法性原则或条款则进一步规定应当制定怎样的税法，这些原则或条款即代表了税收良法的基本要求。例如，《意大利宪法》第 3 条规定的平等原则，禁止不合理和不正当的区别对待；第 53 条规

---

[1] Cfr. Fiorenza Salvatore, *Brevi appunti in tema di riserva di legge, capacità e "prestazionicontributive"*, in Giurisprudenza italiana, fasc. 4, 1970, pp. 739~742.

定的量能课税原则，明确纳税人只根据他们的捐税能力（一种扣除基本生活保障费用后余下的经济能力）纳税，捐税能力相同承担相同的税赋，捐税能力不同承担不同的税赋；基于《意大利宪法》第 3 条和第 53 条，根据具有宪法上重要性的地域性原则，立法者选择的征税行为（主要指主体、客体方面的内容）必须呈现与意大利法律体制相关联的因素，涉及的因素包括公民、居住地、住所、国籍、收入取得、财产存在于地域内、契约履行、文书使用等；[1]第 81 条，禁止议会通过预算批准法案课征新的税等政府强制性收入或修改现有的课征措施[2]。

最后，需要特别指出的是，上述这些宪法性原则或条款，当然也包括税收法定原则在内，都可以作为司法裁判的依据。与这些原则或条款相违背的法律、条例等规范性文件以及抽象行政行为，在意大利都将被宪法法院、最高法院、国务理事会或其他法院认定违宪、非法或在具体案件中不适用。

五、税收法定原则在我国的落实：基于意大利经验的启示

回到我国，正如本文一开始所指出的那样，尽管落实税收法定原则已经成为共识，但在如何落实方面，依然存在诸多不明的问题。换言之，关于税收法定原则的适用，在诸多问题上，仍然需要做进一步的深入探讨，并且可以肯定的是，这种探讨的结论将促使我们对确立税收法定原则的现有立法进行重构。为此，基于意大利在税收法定原则适用方面的成熟经验，并结合我国现有国情，在立足现实需要的前提下，下文将分别

---

[1] Cfr. Gaspare Falsitta, *Manuale di diritto tributario*, *parte generale*, CEDAM, 2010, p. 144.

[2] Cfr. art. 81 della Costituzione della Repubblica Italiana.

就相关问题进行阐述，以探寻我国落实税收法定原则的应有路径。

（一）税收等强制性财产给付法定原则适用的客体范围

税收法定原则适用的目的实质在于保护公民的财产权不受国家强制性财产给付课征权的非法侵害，而在现代社会，公民需要缴纳的强制性财产给付早已不局限于税收这种形式。为此，对适用法定原则的客体必须做扩大解释，即除了税收以外，其他任何强制性财产给付的课征都应当有法律的基础。这样，对我国而言，在落实税收法定原则的时候，不应当局限于那些名义上的"税"。换言之，除了《立法法》第 8 条第 4 项和第 7 项已经规定的罚金和征收、征用以外，未来需要由法律规定的不仅仅是现有 15 种尚未立法的税，行政事业性收费、政府性基金、罚款等强制性财产给付，包括财政部征收的专项资金[1]，甚至那些实质上的强制性财产给付，例如电话费、水电费、汽车强制保险费等，课征的基本内容也都应当通过法律来规定。换言之，我国需要落实的应当是强制性财产给付法定原则，这是有效保护公民财产权的必然结果，否则政府将极有可能通过课征非税的强制性财产给付来规避课税法定所带来的制约，这也将使税收法定原则的适用效果大打折扣。以下分别以我国最重要的两类非税强制性财产给付为例做进一步阐述。

第一是行政事业性收费。目前，我国尚未制定关于规范行政事业性收费的法律，而是主要由国务院相关职能部门通过制定部门规章在规范，例如，根据《行政事业性收费项目审批管理暂行办法》（财综〔2004〕100 号）和《行政事业性收费标准

---

〔1〕　参见《关于征收工业企业结构调整专项资金有关问题的通知》（财税〔2016〕6 号），2016 年 1 月 19 日发布。

管理暂行办法》（发改价格［2006］532号）（已失效）的规定，财政部、国家发改委审批中央单位申请设立的收费项目和收费标准（重要的收费项目由国务院批准），省级财政、价格主管部门审批省级以及省以下单位申请设立的收费项目和收费标准（重要的收费项目由省级政府批准）。与此相关的是，目前行政事业性收费的依据也以部门规章、政府规章及规范性文件（红头文件）为主。这样，行政事业性收费课征的权力完全由包括地方政府在内的政府享有，人大没有权力进行干预，缺乏外在的有效制约，政府不必要、不合理收费以及乱收费等现象已经侵害了公民财产权，尤其是地方政府。鉴于中央、地方财权事权没有合理划分，地方政府承担事权及支出责任远远大于财权。为此，基于税收法定原则，通过制定专门的《行政事业性收费法》，将批准设立收费项目和收费标准的权力赋予人大及其常委会，并明确政府收取行政事业性收费需要有法律的依据或基于人大授权制定行政法规、部门规章或政府规章。此外，在落实法定原则的同时，取消一些不必要、不合理收费项目，取缔乱收费现象。

第二是政府性基金，类似意大利的特殊捐贡。为履行经济建设职能的需要，我国目前开征了许多不同形式的政府性基金，例如铁路建设基金、文化事业建设费、地方教育附加、农网还贷资金等。由于政府性基金的课征也不具有直接的对价性，强制性更接近于税收的强制性，因此政府性基金也被称为准税收，对公民财产权造成侵害的潜在风险也不容小觑。目前，我国对政府性基金也尚未统一立法，而根据《政府性基金管理暂行办法》（财综［2010］80号）的规定，政府性基金的设立审批权由国务院和财政部享有。尽管与行政事业性收费相比，审批权限规定得更为严格，特别是该暂行办法第11条规定申请政府性基金必须以法律、行政法规和中共中央、国务院文件明确规定征收政府性基金为前提，否则一律不予审批，但依然没有改变政府可以自行决定课征政府性基金的本质，与税收法定原则的要求依然相去甚远。根据财政部 2014 年 10 月 29 日发布的《全国政府性基金目录清单》（财政部公告 2014 年第 80 号），在现有 25 种政府性基金中，只有 6 种具有法律依据。[1]为此，对政府性基金也需要统一立法，制定专门的政府性基金管理法，将批准设立政府性基金的权力赋予全国人大及其常委会，并明确规定政府收取政府性基金需要有法律的依据（排除行政法规和中共中央、国务院文件作为依据的可能性）或基于全国人大授权制定行政法规。需要特别指出的是，在制定相关法律和行政法规时，考虑到政府性基金开征的特殊目的性，必须明确征收的期限。此外，在落实法定原则的同时可以考虑取消部分政府性基金（考虑相关事业的发展状况），例如铁路建设基金，尤其是那些具有税收性质或以税收附加形式征收的政府性基金，例如文化事业建设费、教育费附加，当然亦可以考虑并入现有的相关税收中。

（二）税收法律保留原则下的税收规则

落实税收法定原则必须明确哪些税收规则需要由法律来规定，对此，修改后的《立法法》第 8 条将实行法律保留的"税收基本制度"细化为"税种的设定、税率的确定、税收征收管

---

[1] 分别是育林基金（《中华人民共和国森林法》）、森林植被恢复费（《中华人民共和国森林法》）、新菜地开发建设基金（《中华人民共和国土地管理法》）、残疾人就业保障金（《中华人民共和国残疾人保障法》）、教育费附加（《中华人民共和国教育法》）和地方教育附加（《中华人民共和国教育法》）。参见财政部："关于公布行政事业性收费和政府性基金目录清单的公告"，载 http://szs. mof. gov. cn/zhengcefabu/201410/t20141031_ 1155224. htm，最后访问日期：2016 年 12 月 13 日。

理等税收基本制度"[1]。当然,"等税收基本制度"属于列举之外的概括,根据目前我国学界的主流观点,除税种设定、税率确定和税收征管以外,税收基本制度还包括纳税主体、课税客体、税基和税收优惠。[2]基于这样的观点,在法律保留范围内的税收规则涉及纳税主体、课税客体、税基、税率、税收优惠和税收征管。显然,这与意大利在税收法定原则适用方面的经验有所出入,而这些出入也是我国在落实税收法定原则的时候需要特别注意的,具体表现在以下几个方面:

首先,在决定某一主体是否以及承担怎样的税负方面,即相关的定性税收规则,在法律保留范围内的不仅包括纳税主体和课税客体,还包括纳税义务产生的时间。例如所得税中关于按次(每次取得一项所得)、按月或按年(在一个时间周期内累积不同所得)产生纳税义务的规定;以及与纳税义务产生相关的地域,例如增值税中关于交易发生地(在我国境内)的规定。事实上,只有包括主体、客体、时间和空间四个方面的内容才构成一项完整的征税行为,而作为定性规则的征税行为规则必须由法律规定。

其次,在决定纳税人承担多少税负方面,即相关的定量规则,尽管需要由法律来规定,但这并不意味着具体适用的规则必须由法律来确定。事实上,对于定量规则,由法律规定一个最高限值(例如最高税率、最高罚款数额)或者规定确定税基的客观因素,基于程序便利,政府在制定行政法规、部门规章

---

〔1〕 熊伟:"税收法定原则与地方财政自主——关于地方税纵向授权立法的断想",载《中国法律评论》2016年第1期。

〔2〕 参见张守文:"论税收法定主义",载《法学研究》1996年第6期;施正文:"落实税收法定原则加快完善税收制度",载《国际税收》2014年第3期;刘剑文:"落实税收法定原则的现实路径",载《政法论坛》2015年第3期。

或政府规章时，在最高限值以下或根据客观因素规定具体的税率或税基，公民财产权并不会受到侵害，同时，还有助于政府实施相关的宏观调控和贯彻地方财政自主。[1]为此，目前《中华人民共和国消费税暂行条例》（以下简称《消费税暂行条例》）将税率的调整权赋予国务院，本身具有合理之处，例如为应对成品油价格的波动，以环保的目的对成品油消费税税率进行调整[2]，但由于该条例没有规定税率的最高限值，对国务院的调整权没有进行有效限制，并不符合税收法定原则的要求。再如，属于强制性财产给付的社保费，社保缴费基数标准具体数额（上限和下限）由各地按照实际情况来确定，本身是合理的，毕竟不同地区收入水平有差异[3]，但法律必须规定初始、作为基准的社保缴费基数标准（上限和下限）区间，同时规定各地每年必须严格按照当地社会平均收入的涨幅来调整，否则将违背税收法定原则。

再其次，关于税收优惠规则，由于税收优惠的给予并不造成对纳税人财产的侵害，相反有利于纳税人。因此，基于税收法定原则在于防止公民财产权受到非法侵害的本意，同时鉴于税收优惠通常具有暂时性的特点，税收优惠规则无需在法律保留的范围内，而政府享有决定税收优惠的权力有利于其履行宏

---

〔1〕　分别参见下文关于政府在税收规则方面的规范权和地方税规则制定的分析。

〔2〕　针对国内成品油价格连续下降，财政部和国家税务总局曾分别在2014年11月28日、2014年12月12日和2015年1月12日发文提高成品油消费税，其中1元/升的汽油等消费税税额分别提高到1.12元/升、1.4元/升和1.52元/升，0.8元/升的柴油等消费税税额分别提高到0.94元/升、1.1元/升和1.2元/升。

〔3〕　例如，天津市人力资源和社会保障局2015年初公布，2015年天津用人单位和职工缴纳城镇职工基本养老、城镇职工基本医疗、失业、工伤和生育保险费基数的最低和最高标准分别为2812元和14 058元，相比于2014年，社保缴费基数下限上调282元，上限则上调了1278元，涨幅分别为10%和9%。

观调控（包括区域经济发展）的职能。不过，在没有限制的情况下，政府有可能滥用这项权力，尤其是地方政府。例如，为维护地方利益，地方政府会滥用税收优惠政策，破坏税负的公平分摊并损害市场公平竞争的环境。事实上，对这种公平课税违背的限制，不是来自税收法定原则，而是来自其他税法基本原则，例如平等原则或量能课税原则。在意大利，正是后两项原则对政府的税收优惠决定权给予了有效限制，鉴于这两项原则也是宪法性原则，税收优惠的给予还必须具有宪法上的基础。同时，法院可依据现行的法律法规在审理具体案件的过程中依司法权限进行处理，以最大限度维护公平竞争的市场环境，遏止地方保护主义。这样，对于我国而言，在税收立法（尤其是宪法）尚未明确确立上述两项原则以及缺乏司法对政府税收规则规范权有效制约的情况下，将税收优惠规则纳入法律保留的范围实属权宜之计，毕竟通过法律（指各个税种法）来规定税收优惠可以更好地确保税赋公平分摊免受不当损害。不过，对于税收优惠调整比较频繁或暂时性更强的领域，更为合理的方式应当是法律授权政府决定税收优惠的采用。例如，《中华人民共和国个人所得税法》（以下简称《个人所得税法》）第 18 条将储蓄存款利息所得减免税待遇授权国务院决定，而国务院基于宏观调控的目的对这一所得作出过征税、减征和免征的决定，[1]无疑并不违背税收法定原则。

最后是关于税收征管的程序规则，即关于税的实现规则。这里需要强调的是，这些规则内容多样、复杂，并与其他行政程序法交错，法律保留并非绝对，同时需要保留的依据也非当

---

[1] 参见 2007 年《国务院关于修改〈对储蓄存款利息所得征收个人所得税的实施办法〉的决定》（第 502 号国务院令）和《财政部、国家税务总局关于储蓄存款利息所得有关个人所得税政策的通知》（财税〔2008〕132 号）。

然源自税收法定原则。这是因为税的实现规则并不必然侵害公民的财产权，例如征税机关管理体制、纳税申报、税款缴纳的方式和期限、税务代理制度等，相关规则完全可以由政府来规范，如果由法律来规定，更多的也是源自法律确定性原则。而对于可能对公民财产权等基本权益造成损害的税的实现规则，例如税务稽查、税收强制执行，无疑需要由法律来规定，但也并非源自税收法定原则，而是源自行政法中的依法行政原则或其他保护公民基本权利的宪法条款（例如关于公民住宅不受侵害、人权保障等）。事实上，税收法定原则的起源并不涉及税的实现阶段或课税方式，而在现代法治国家，不宜、也没有必要以税务机关需要依法征收或依法稽征将税收征管纳入税收法定原则的适用范围内。当然，鉴于目前我国在征税领域的法治水平还存在一定的提升空间，如果取广义的税收法定原则之意，征收征管纳入进来也未尝不可，从限制税务机关征收权而言，亦属权宜之计。

（三）税收规则的人大立法权与政府规范权

在阐述税收法律保留下的税收规则之后，人大的税收立法权应当说已经明确，不过这并不意味着所有相关税收规则都将由人大来立法。基于税收法律保留的相对性，我国在落实税收法定原则的过程中，依然需要处理好人大立法权与政府规范权的关系。

1. 加强人大税收立法

鉴于我们目前大部分有关纳税义务的定性规则都规定在国务院制定的行政法规中，涉及除个人所得税、企业所得税和车船税以外的 15 个税种，加强人大税收立法无疑是我国落实税收法定原则的当务之急。

首先，加强人大及其常委会的税收立法能力，可以考虑

"新设人大专门委员会——公共收入委员会"〔1〕，专门研究制定有关税收、行政事业性收费、政府性基金等强制性财产给付（包括实质性的强制性财产给付）方面的法律。同时，为更好地反映公民的意愿，在立法程序中可以增加听证会、公布法律草案等环节，最终摆脱对政府税收立法起草的依赖。当然，对于立法难度大、技术性强的税收立法，在保证人大牵头的前提下，允许政府适度参与亦是可以。

其次，加快相关税种的立法。其中，新设税种一律由人大立法，例如环境保护税、房地产税，对于现有由行政法规规范的税种，选择若干条件比较成熟的税种，先行立法，例如增值税立法、资源税立法、关税立法、船舶吨税立法和耕地占用税立法〔2〕，随后再对剩余税种进行立法。当然，基于法律规范一般性的特点，这些税收立法仅需规定基本内容的规则即可，具体而言，必须在法律中规定的是有关征税行为主体、客体、时间和空间四个方面的定性规则。不过，需要注意的是，由于税收法定原则不仅要求课税基本内容由法律规定，还要求法律的规定需要明确，以避免征税机关滥用立法补全权和解释权侵害公民的财产权。为此，关于征税行为的内容，法律需要在可能的前提下尽量规定翔实，避免仅规定一些原则性的框架，〔3〕而这也是我国现有税收立法（包括授权立法）一项不足之处。例如，《个人所得税法》目前只有 22 条、3500 字左右，《中华人民共和国增值税暂行条例》（以下简称《增值税暂行条例》）

---

〔1〕 朱大旗："论税收法定原则的精神实质及其落实"，载《国际税收》2014年第 5 期。

〔2〕 参见 2015 年 8 月 23 日全国人大公布的调整后的《十二届全国人大常委会立法规划》，载 http://www.npc.gov.cn/wxzl/gongbao/2015-08/27/content_1946101.htm，最后访问日期：2016 年 12 月 11 日。

〔3〕 参见熊伟："重申税收法定主义"，载《法学杂志》2014 年第 2 期。

目前只有 28 条、3500 字左右，事实上，诸多在《中华人民共和国个人所得税法实施条例》（以下简称《个人所得税法实施条例》）和《中华人民共和国增值税暂行条例实施细则》（以下简称《增值税暂行条例实施细则》）（甚至财政部、国家税务总局发布的一些通告）规定的内容，都应当在《个人所得税法》和《增值税暂行条例》中规定。例如，《个人所得税法实施条例》第 3 条关于不同所得来源地（是否在我国境内）和第 25 条关于"三险一金"可扣除的规定（已删除），《增值税暂行条例实施细则》第 4 条关于视同销售行为的规定，鉴于这些内容（涉及征税行为客体和空间方面的内容）直接决定纳税人是否应当承担纳税义务，都应当规定在相关立法中。

再其次，限制政府在税额确定方面的裁量权。当然，这是建立在法律对定性税收规则进行明确规定、同时认可政府具有对定量税收规则进行规范的权力的基础之上的。事实上，基于税收法律保留的相对性，政府在定量规则确定方面具有一定的裁量权是合理的，这里不再赘述，而问题在于如何限制政府的这项裁量权。对此，在上文已经提到的，在法律中规定最高限值的税率、确定税基的客观因素都是有效的方式，足以限制政府的裁量权。类似地，法律中规定税基构成因素价值的最高和（或）最低限值，例如《中华人民共和国房产税暂行条例》第 3 条规定税基为房产原值一次减除 10% 至 30% 后的余值（具体减幅由省级政府确定），亦为有效方式。这里需要讨论的是，基于意大利的经验，法律规定政府为特定公共服务提供进行融资的需求来确定课征标准是否可以为我国借鉴采用。对此，首先需要明确，这类限制政府裁量权的方式主要针对非税的强制性财产给付，例如行政事业性收费或政府性基金。这类方式的实质在于以服务提供所需资金作为课征的最高限额，具体可以规定以"提供服务而实际承担的成本"、"满足因管理而所需的必要费用"或"满足受益机构的预算要求"等为上限。为此，相关成本、必要费用或预算要求的确定是否受到有效监督成为是否可以采用的关键。而在现代预算制度下，某一公共服务的提供者（即政府或公共机构）提出服务提供所需财政资金的详细支出计划，由议会进行审批或提出修改、否决，并对该项服务财政资金支出使用进行监督和绩效管理并可能对政府问责，同时还有公民和司法机关对财政支出行为进行有效监督。换言之，如果预算制度以及其他相关监督机制能有效制约政府的支出行为，此类限制政府裁量权的方式可以采用，但也应慎用，最好与其他方式一起采用。为此，鉴于当前我国对政府财政支出行为尚未能有效制约，应当避免采用此类方式。最后，需要指出的是，针对实质性的强制性财产给付，法律规定技术机构来确定课征标准，亦可以考虑，但前提是确保相关技术机构的独立性，尤其是独立于政府。

最后，需要肯定的是，我国人大从政府收回税收立法权之后，根据《立法法》第65条和第82条的规定[1]，政府依然享有应然的税收规则规范权，这主要表现在对人大制定的税法实施执行性立法，即制定执行规则。

2. 规范、限制授权立法

政府除对人大制定的法律实施执行性立法以外，还可以根据人大或法律的授权对课税进行规范，包括课税基本内容和补全性两类授权立法。授权立法源于税收法律保留的相对性，但需要满足相关的要求，否则依然与税收法定原则相悖。为此，

---

[1] 分别规定行政法规可以就"为执行法律的规定需要制定行政法规的事项"作出规定和地方政府规章可以就"执行法律、行政法规、地方性法规的规定需要制定规章的事项"作出规定。

我国在落实税收法定原则时，必须规范政府的授权立法，并限制授权立法的使用。

其一，在规范授权立法方面，主要是针对课税基本内容的授权立法。人大在作出授权时，根据《立法法》第 10 条的规定，必须明确授权目的、事项、范围、期限以及授权立法应当遵循的原则，尤其是授权决定中必须针对具体税种规定课征原则和指导标准。换言之，基于税收法定原则的本意，为有效限制政府的税收规则规范权，禁止人大对政府的空白授权。为此，需要在时机成熟的时候，例如在增值税立法等相关税收立法完成之后，尽快废除 1985 年全国人大的授权决定——学界公认的税收立法空白授权。此外，根据《立法法》第 12 条关于被授权机关不得转授权的规定，也是公认的法律原则，我国目前许多税收暂行条例（由国务院基于授权立法制定）中的课税基本内容由财政部或国家税务总局来确定是违背税收法定原则的，需要禁止。〔1〕例如 1993 年《消费税暂行条例》第 2 条规定税目的调整由国务院决定，而财政部和国家税务总局基于国务院的批准，在 2006 年发布通知〔2〕，调整了税目，其中新增高尔夫球及球具、高档手表、游艇等税目，实属国务院的转授权。

其二，在限制政府授权立法方面，总体而言，需要将征税授权立法尽量局限于对现有税收立法的补全性授权立法。这类授权立法仅针对课税部分事项，同时源于这部分事项的技术性、复杂性或需要频繁调整。例如，《中华人民共和国企业所得税法》（以下简称《企业所得税法》）第 2 章第 5 条至第 19 条规

〔1〕 参见张守文："论税收法定主义"，载《法学研究》1996 年第 6 期。

〔2〕 参见《财政部、国家税务总局关于调整和完善消费税政策的通知》（财税〔2006〕33 号）（部分失效）。

定了收入、扣除的基本内容之后，第 20 条规定"本章规定的收入、扣除的具体范围、标准和资产的税务处理的具体办法，由国务院财政、税务主管部门规定"，即属于补全性授权立法。而关于课税基本内容的授权立法，如果需要，也仅用于税制改革中尚需要对课税制度进行探索以试点名义实施的试验性立法，并在试行成熟后，转化为法律。虽然意大利这类授权立法使用得非常频繁，但原因在于政府据此而制定的立法令属于具有法律效力的规范性文件，属于税收法定原则要求的法律，而我国政府基于授权立法只能制定行政法规，并不具有法律效力，因此不宜频繁使用。

（四）地方财政自主下的地方税规则制定

财政分权，即在确保中央宏观调控主导地位的基础上赋予地方一定的事权和财权（主要是税权），使地方能自由选择自身所需要的政策，以便向当地公民提供更好、更符合当地公民需求的公共服务。目前，从全球范围来看，不管是联邦制国家，还是单一制国家，都在不同程度上实施财政分权。对于我国而言，由于不同地区在人口数量与构成、经济发展与收入水平、自然资源与环境状况等方面都存在巨大的差异，实施财政分权，换言之，确保地方财政自主权的必要性不言而喻。不过，我国《宪法》尚未明确规定这一点，仅在第 3 条规定充分发挥地方的主动性和积极性。为此，虽然在我国现行的分税制下，地方拥有房产税、城镇土地使用税、车船税、土地增值税等许多地方税[1]，但仅仅对这些地方税拥有收益权，而没有立法权，这与意大利大区具有一定的税收立法权形成差异。这是因为根据《立法法》

---

〔1〕 参见《国务院关于实行分税制财政管理体制的决定》（国发〔1993〕85号）。

第 73 条的规定，地方只可能制定第 8 条规定以外的事项，而税收属于第 8 条规定的法律保留的事项，且目前只有全国人大才能制定《立法法》所规定的法律。这样，由于缺失作为税权核心的税收立法权，地方无法通过税种设立、征税行为设置和税额调整等来贯彻满足地方特殊需求的政策意图，仅仅依靠《立法法》第 73 条的规定，基于"需要根据本行政区域的实际情况作具体规定的事项"就法律和行政法规制定执行性地方性法规，是不足以有效确保地方的财政自主的。

无疑，在现有制度下，我国地方在确保财政自主方面只能寻求课税授权。虽然《立法法》没有规定全国人大向地方的纵向授权立法，但这并不妨碍具体的税种法规定对地方的授权。例如，《中华人民共和国车船税法》（以下简称《车船税法》）第 2 条规定，车辆的具体适用税额由省级政府依照本法所附《车船税税目税额表》规定的税额幅度（即法律规定最低和最高的税额区间）和国务院的规定确定。第 5 条规定，省级政府根据当地实际情况，可以对公共交通车船、农村居民拥有并主要在农村地区使用的摩托车、三轮汽车和低速载货汽车定期减征或者免征车船税；再如，《中华人民共和国城镇土地使用税暂行条例》（以下简称《城镇土地使用税暂行条例》）第 5 条规定，省级政府应当在本条例第 4 条规定的税额幅度内，根据市政建设状况、经济繁荣程度等条件，确定所辖地区的适用税额幅度。这里需要注意的是，省级政府也仅仅是确定适用税额幅度，适用的具体税额被进一步授权给市、县政府决定。比如，《浙江省城镇土地使用税实施办法》（浙政发〔2007〕50 号）第 6 条规定，各市、县政府根据当地区位条件、公用设施建设状况、经济社会发展程度等综合因素，确定土地等级数和范围，选择相应的适用税额标准，并可依据本地区经济社会发展变化，适时调整土地等级划分级数、范围和适用税额标准；[1]如《环境保护税法》（征求意见稿）（环保税也将作为地方税种）第4条规定，省级政府可以统筹考虑本地区环境承载能力、污染排放现状和经济社会生态发展目标要求，在规定的税额标准上适当上浮适用税额；第7条规定，省级人民政府可以根据本地区污染物减排的特殊需要，增加同一排放口的应税污染物种类数。当然，新通过的《环境保护税法》第6条和第9条已经分别改为由省级人大常委会决定。纵观上述案例，不难发现我国现有关于地方税的立法基于财政自主对地方的课税授权并不少，内容也涉及课税客体、税率等定性和定量规则。不过，从落实税收法定原则的要求来看，还需要明确以下三个方面的问题：

首先，不管是定性税收规则，还是定量税收规则，课税授权的对象都是地方政府。对此，有学者指出，与税收法定原则本义相悖。[2]不过，需要指出的是，授予地方政府决定上述这些税收规则并非绝对与税收法定原则相悖。事实上，税基、税率等定量规则在满足特定的条件时可以由政府决定，这一点不再赘述，只要法律在赋予地方政府这项权力时规定能有效限制地方政府自由裁量权的内容，地方政府也可以享有这方面的决定权。因此，《环境保护税法》（征求意见稿）第4条没有规定相关的内容，有违税收法定原则，而《环境保护税法》第6条增加了省级政府"在本法所附《环境保护税税目税额表》规定

---

[1]　事实上，城镇土地使用税有关土地等级、范围和适用的具体税额的规定可由县级政府直接确定。参见《余姚市地税局关于调整城镇土地使用税适用税额和征收范围的公告》（余政发〔2008〕23号）。

[2]　熊伟："税收法定原则与地方财政自主——关于地方税纵向授权立法的断想"，《中国法律评论》2016年第1期。

的税额幅度内提出"的规定[1]，可以有效限制地方政府的自由裁量权，符合税收法定原则。这样，《环境保护税法》第 6 条再将税额确定和调整改为由省级人大常务委员会决定，并非必要，或者也可谓一种权宜之计。

其次，定性税收规则需要由地方人大决定，例如，《环境保护税法》就将应税污染物项目数的增加改为由省级人大常委会决定。由当地纳税人代表组成的地方人大决定与地方税相关的课税事项，这与税收法定原则本质在于纳税人同意相符。基于此，如果作进一步引申的话，地方人大对地方税制定的规范性文件（例如地方性法规）对当地纳税人而言也应当具有"法律"的效力，例如意大利的大区法律。当然，在我国现有制度下，地方性法规并不具有"法律"的效力，或不属于《立法法》所规定的"法律"，但完全可以允许全国人大向地方人大纵向授权立法。这样，基于强化地方自主的考虑，在对《立法法》进行完善之后，全国人大规定地方税制定的原则和指导标准，或者视情况规定相对具体的课税规则，授权地方人大结合本地区情况决定是否开征以及（在开征的情况下）制定地方税的基本内容或补全。此时，地方政府授权确定定量规则也可以源自地方性法规。

最后，在授权纵深方面，鉴于市、县人大的选民基础过窄，通常情况下，限于省级人大，或者省级政府。在极少数的情况下，对于在省级地区内部依然存在明显地区差异的，可以再授权给市、县人大或政府，不过宜限于定量税收规则，避免定性税收规则的再授权。事实上，严格意义上，《浙江省城镇土地使

---

〔1〕 例如，大气污染物每污染当量税额在 1.2 元至 12 元之间；水污染物每污染当量税额在 1.4 元至 14 元之间。

用税实施办法》第 6 条并不构成再授权，毕竟《城镇土地使用税暂行条例》第 5 条仅规定省级政府确定适用税额幅度，不是适用的具体税额。当然，为避免再授权，法律可以直接授权给市、县人大或政府。

（五）税收法定原则条款之重构

在阐述税收法定原则在我国落实的相关问题后，不难发现，《立法法》第 8 条关于税收法定原则的条款规定并不完善，有必要进行重构。首先，根据第 8 条第 6 项的规定，法律保留并没有覆盖税收以外的强制性财产给付。其次，在单独将税收列为一项需要法律保留的事项后，没有必要再单独列举税种设立、税率确定和税收征管。尚且不论在法律规定最高限值后，具体适用的税率可以由非法律的规范性文件来确定，其他课税内容，例如纳税主体、课税客体、纳税义务产生时间、与纳税义务产生相关的地域以及税基，比税率更为重要或同等重要。为此，在《立法法》第 8 条的框架下，可将第 6 项"税种的设立、税率的确定和税收征收管理等税收基本制度"改为"税收等强制性财产给付基本制度"。当然，鉴于国家课税权的限制与纳税人财产权的保护具有宪法上的重要性，同时为使税收法定原则的落实得到更高的保障，税收法定原则必须上升为宪法基本原则，相关条款必须在宪法中予以明确规定。未来我国实施宪法修正时，必须明确地引入税收法定原则条款，可以表述为"税收等强制性财产给付只能依据法律进行课征"。

六、结语

与意大利经验相比，我国在规定、落实税收法定原则方面体现出的不同，包括一些变通，体现为当下我国落实税收法定原则的现实路径。但从某种角度而言，这样一种现实路径表明我国相关基本制度有待完善的空间。这些基本制度包括人民代表大会制度，对法律、行政法规等规范性文件（包括抽象行政行为）的合宪性、合法性审查制度，依法行政制度，中央、地方财政关系或地方财政分权制度，现代预算制度，实质意义上限制课税权的量能课税原则制度[1]，税收司法化以及对包括法定原则在内的税法规则进行司法解释制度等。未来我国税收法定原则落实的应有路径无疑与这些基本制度的完善或引入密切相关。为此，可以肯定的是，落实税收法定原则（伴随强制性财产给付法定原则的落实）不仅将推动我国税收法治建设，以此为切入点，还将推动我国法治建设以及财税治理、国家治理的现代化。

---

〔1〕 事实上，"税收实质法定主义"所承担的功能本应由量能课税原则等其他宪法性原则来承担。

税收法定原则比较研究

——税收立宪的角度

翟继光[1]

内容摘要：税收法定原则是税法的基本原则，是税收立宪的根本标志。世界各国宪法对税收法定原则有不同的表述，对于"税收""法"以及"定"均有不同的限定方式。我国宪法并未明确规定税收法定原则，尚未实现真正的税收立宪。我国税收立宪应该从税收法定原则入宪开始。

关键词：税收宪法　税收法定原则　税收立宪

税收是国家与人民分配关系的基本形式，关涉到国家与人民之最根本的财产利益与经济自由，不得不加以法律甚至是宪法的约束。税收法定原则是近代资产阶级革命的成果之一，更是当代民主与法治在税收领域的基本体现。它是税法领域最高的基本准则，是税收立宪的根本标志，受到世界各国的普遍关注。我国自清末法制改革以来，税收法定原则就已经成为历次立宪所不可缺少的内容之一。随着我国改革开放及其社会主义

〔1〕　翟继光，男，江苏省铜山县人，北京大学法学院经济法专业博士研究生。本文为国家社会科学基金项目"WTO 体制下中国税收债法的建构"项目的中期成果之一（批准号：03BFX020）。

市场经济体制的建立，税收在社会生活中的地位逐渐凸显出来，个人所得税和企业所得税制度的形成奠定了国家与公民和企业最基本的分配格局，税收逐渐成为关系到人民的基本财产权和基本自由权的重要事项。随着纳税人的税法意识和权利意识的不断增强，税收法定的呼声越来越高，我国的税收法定和税收立宪逐渐提上了议事日程。

关于税收法定原则，学界已经有了较深入的研究，但往往停留在抽象理念的探讨和一般学理的论证上，很少有对世界各国税收法定原则的具体状况予以实证研究的成果，由此对这一原则的研究也就难以深入和具体化。本文尝试通过对世界各国税收宪法条款的实证考察来对税收法定原则予以具体化研究，并由此概括总结税收法定原则的地位与基本内容，以供学界进一步研究以及我国未来税收立宪制度设计之参考。

一、税收法定原则的基本含义及本文的研究方法

（一）税收法定原则的基本含义

税法基本原则，是指一国调整税收关系的基本规律的抽象与概括，是贯穿税收立法、执法、司法与法律监督的整个过程具有普遍指导意义的基本准则。[1]

税收法定原则是税法基本原则之一，一般也称为税收法定主义，其基本含义是指税法主体的权利义务必须由法律予以规定，税收要素必须由法律予以明确规定，征纳主体的权利义务只以法律规定为依据，没有法律依据，任何主体不得征税或者减免税收。[2]税收法定原则一般包括税收要素法定、税收要素

---

[1] 参见刘剑文编著：《财政税收法》，法律出版社 2001 年版，第 244 页。
[2] 参见张守文：《税法原理》，北京大学出版社 2001 年版，第 30 页。

明确和征收程序合法三个基本要求。在税法的基本原则中，税收法定原则是最重要的原则，被称为税法领域中的"帝王条款"，也是税收立宪最基本的标志。

（二）本文的研究方法与材料来源

由于税收法定原则是税收立宪最重要的内容之一，也是世界各国税收宪法（即各国宪法中有关税收的条款）中最重要的条款之一，因此我们通过考察世界各国税收宪法条款，就可以大体了解世界各国对于税收法定原则的基本认识与基本定位。当然，税收法定原则并非只能规定在税收宪法之中，完全可以通过税收基本法的形式予以规定，但由于材料的局限，笔者目前尚难以搜集到大多数国家有关税收的基本法律。因此，只能局限在税收宪法的层次来研究世界各国的税收法定原则，待将来材料进一步完善之际，可以继续深入研究各国税收法定原则的全貌。

本文以姜士林等主编的《世界宪法全书》[1]作为基本材料来源，对其中所搜集的亚洲、欧洲、美洲和大洋洲的 111 个国家的宪法文本进行考察，将其中所有包含"税"的条款搜索出来，组成各国的税收宪法，然后在此基础之上，通过统计和比较的方法考察世界各国关于税收法定原则的基本制度。关于本文所使用的材料及其所得出的结论说明几点：（1）本文所使用宪法文本材料不包括非洲国家的宪法；（2）本文所考察的是各国宪法文本规定的税收法定原则，而不是各国实际税收实践中的税收法定原则；（3）本文所使用的材料一般截至 1997 年 1 月。

---

〔1〕 参见姜士林等主编：《世界宪法全书》，青岛出版社 1997 年版。

二、世界各国税收法定原则的地位与位置

（一）税收法定原则在税收立宪中的地位

在本文所考察的 111 个国家的宪法中，包含有税收条款的有 105 个，占 94.6%。可见，税收的地位得到了世界绝大多数国家的重视，税收立宪是世界绝大多数国家的共同做法。在世界各国的税收宪法条款中，居第一位的是关于纳税义务的条款，几乎所有税收立宪国家均有关于公民纳税义务的规定。居第二位的是关于税收法定原则的条款，其中，包含明确的税收法定原则的有 85 个，占 81.0%。如果再加上其他暗含这一原则的国家和实际上贯彻这一原则的国家，那么所占比例就更高了。[1]

（二）税收法定原则在税收立宪中的位置

税收法定原则在税收立宪中的位置主要有以下几种方式：

1. 在公民的基本权利义务章节中和公民的纳税义务共同规定

这种方式把公民的纳税义务与税收法定原则结合起来，即公民仅仅负有法定的纳税义务，不负法律规定以外的纳税义务。如《阿塞拜疆共和国宪法》（1995 年）第 73 条规定："每个人都有责任如数并如期支付法律所要求的款项和国家要求的其他款项。如果没有任何法律原因，一个人不能被强迫超额支付税收和国家的其他款项。"

---

〔1〕 美国社会学法学家庞德曾把法律划分为"书本上的法律"（law in book）和"行动中的法律"（law in action），美国现实主义法学家卢埃林也曾把法律划分为"纸面规则"（paper rule）与"实在规则"（real rule），其实质是强调现实中的法律不同于文本中的法律。同样，宪法也可以分为文本中的宪法和现实中的宪法，由于各种条件的限制，这里只考察各国文本中的宪法。宪法中明确规定税收法定原则并不表明其在实际中就一定贯彻税收法定原则，这是本文所有研究结论的基本论调。

2. 在专门的财政章节中规定税收法定原则

如《巴林王国宪法》（1973 年）第三章第二节标题为"财政事务"，在本节的第一个条款，即第 88 条规定："未经法律规定，不得开征任何新税、修改或取消旧税。除非法律有规定，任何人不得全部或部分免除纳税。除非法律有规定者外，不得要求任何人额外纳税、付费或强行摊派。法律规定征收捐税、费用及其他公共基金的规则以及税款、基金支出的程序。"

3. 在专门的税收章节中规定税收法定原则

在宪法中专门设置税收章节表明这一宪法对税收事项高度重视。在本文所考察的 111 个国家的宪法中，具有专门税收章节的国家只有厄瓜多尔一个。《厄瓜多尔共和国宪法》（1984 年）第三章第四节的标题为"税收制度"。本节共有两个宪法条款，分别规定了税法原则和税收法定主义。其第 52 条规定："税收制度以平等、按比例和普遍性为基本原则。税收除作为预算资金收入外，还作为普遍的经济政策手段。税收法鼓励投资、再投资和储蓄。税收要用于国家的分配，力求使收入和财富在全国人民中进行合理分配。"其第 53 条规定："只有通过有法定资格的机构的立法法令，始能规定、修改或取消税收。不得发布有损于纳税人的有追溯效力的税收法。税率和特殊税收由法律制订的规定进行调整。"

4. 在议会或其他法定立法机关的职权中规定税收法定原则

这种方式是通过把税收事项规定为议会或其他法定立法机关的职权而间接确立税收法定原则。如《危地马拉共和国政治宪法》（1985 年）第 239 条规定："议会的专属职权是根据国家需要和税赋的公平、正当，规定普通税、特别税和捐赋，并确定征收的起点，特别是以下的起点：①产生税赋关系的事实；②免税；③税赋的被动主体和共同责任；④税赋的起点和税赋种类；⑤推论、扣除、减免和附加；⑥税赋中的违章和惩罚。违反或者歪曲、调节税负起征点，等级上低于法律规定的，依照法律是无效的。"

三、世界各国税收法定原则的内容

（一）对"税收"的界定

明确税收法定原则首先要明确界定税收的含义。由于宪法是一国的根本大法，所规定的也是一国最基本、最重要的事项，因此在宪法中明确界定税收的含义几乎是不可能的。纵观本文所考察的 111 个国家的宪法文本，没有一个国家的宪法文本对税收的含义进行了严格界定。有些国家是通过效力层次仅次于宪法的税收基本法来对税收的含义予以界定，如《德国税收通则》第 3 条。

虽然宪法无法严格界定税收的含义，但宪法尽可能防止税收的含义泛化以及税收法定原则被搁置与架空。其方法主要有两个：

1. 通过排除的方法来限定税收的范围

即虽然没有明确说明税收是什么，但明确规定了哪些不属于税收。如《约旦哈希姆王国宪法》（1952 年）第 111 条规定："税捐不包括国库根据政府部门为公众提供服务而征收的各种费用，也不包括国有产业上缴国库的收益。"这里通过把行政规费和国有企业上缴利润排除在税收的范围之外，一方面表明这些财政收入不受税收法定原则的约束[1]，另一方面也在某种程度

---

〔1〕 但并不表明它们不受法定原则的约束，如果宪法或其他的基本法确立了行政规费法定或国有企业上缴利润法定原则，那么它们同样要受法定原则约束，这里只是强调它们不受税收法定原则约束。

上从反面阐明了税收的一些基本特征，如具有对价性质的负担（如行政规费）不属于税收，依据所有权取得的收入（如国有企业上缴利润）不属于税收。

2. 通过把与税收相类似的财政收入均纳入法定原则之中来确保税收法定原则的实施

立法机关或行政机关搁置或架空税收法定原则的主要方法是通过征收费或其他财政收入的形式来规避税收法定原则，这些财政收入形式往往仅仅在名称上不同于税收，但实质就是一种税收。针对这种情况，有些国家的宪法在确定税收法定原则的同时，还相应确定了行政收费和其他财政收入形式法定的原则。这样，立法机关与行政机关就无法规避税收法定原则的适用了。如《巴林王国宪法》（1973 年）第 88 条规定："未经法律规定，不得开征任何新税、修改或取消旧税。除非法律有规定，任何人不得全部或部分免除纳税。除非法律有规定者外，不得要求任何人额外纳税、付费或强行摊派。法律规定征收捐税、费用及其他公共基金的规则以及税款、基金支出的程序。"具有类似条款的国家还包括科威特、斯里兰卡、土耳其、爱沙尼亚、斯洛伐克、斯洛文尼亚、巴布亚新几内亚和图瓦卢等。

（二）对"法"的界定

1. 对法律形式的界定

法律有广义和狭义两种用法，在我国广义的法律指各种具有法律效力的法律规范的总称，包括宪法、法律、行政法规、部门规章、地方性法规等；狭义的法律仅指由全国人大及其常委会通过的法律和具有法律效力的决议。理解税收法定原则必须对"法"予以明确界定，如果把这里的"法"理解为广义的法律，那就无异于取消税收法定原则。因此，税收法定原则中的"法"一般是指狭义的法律，即各国最高立法机关所通过的法律，不包括各国最高行政机关所颁布的行政法规。

各国税收宪法中所规定的税收法定原则一般也是指狭义的法律，但关于狭义法律的表述方式有所不同，归纳起来主要有以下几种方式：

（1）仅仅指明"法律"，但其法律的具体含义则必须根据宪法上下文以及联系宪法全文的表达方式来确定。如《日本国宪法》（1947年）第84条规定："新课租税，或变更现行租税，必须有法律或法律规定的条件为依据。"这里的法律是狭义的还是广义的，仅仅从这一条文的文字表述中很难得出结论，必须从《日本国宪法》的上下文和整体联系中才能得出结论。通过综合考察《日本国宪法》有关法律一词的用法及有关条款的规定，可以认为，这里的"法律"指的是由日本国会通过的狭义的法律。[1]大多数规定税收法定原则的国家采用的是这种方式，共43个，约占85个税收法定国家的50.6%。

（2）通过明确指出立法的主体来界定税收法定原则中"法"的含义，明确了立法主体，显然也就明确了"法"的具体含义。在这一方式下具体又有两种稍有差别的方式，一种强调税收的开征和减免必须依据议会通过的法律，如《瓦努阿图共和国宪法》（1980年）第23条规定："任何税收、税收的变动或公共基金的开支，必须依照或符合议会通过的有关法律。"采用这一方式的国家还包括所罗门群岛、希腊、荷兰和巴基斯坦等。另一种强调税收的开征和减免必须在议会的授权和控制之下进行，如《巴布亚新几内亚独立国宪法》（1975年）第209条规定："不管本宪法有何其他规定，国家政府的财政收入和开

---

[1] 《日本国宪法》第41条规定："国会是国家的最高权力机关，是国家唯一的立法机关。"依据《日本国宪法》，只有国会才有权制定法律，其他机关无权制定法律。日本学者一般也认为国会是唯一立法机关。

支，包括征税与借款，都必须接受议会的授权与控制，都必须由议会法令加以管理。"采用这一方式的国家还包括图瓦卢和孟加拉国等。

（3）间接规定税收法定原则，即通过把开征税收和减免税等税收事项纳入议会或国会的职权范围内来达到税收法定之目的。如《乌兹别克斯坦共和国宪法》（1992年）第123条规定："税收确定权属于乌兹别克斯坦共和国议会。"采用这种方式的国家共12个，约占14.1%。

2. 对法律"品质"的界定

税收法定原则中的"法"不仅应当是由最高立法机关制定的狭义法律，而且应当是符合某种原则或要求的"良法"。换句话说，最高立法机关也不能任意制定税法，违背某些基本原则的税法是违宪的，是不具有法律效力的。如《厄瓜多尔共和国宪法》（1984年）第53条规定："不得发布有损于纳税人的有追溯效力的税收法。"

要求税收法定原则中的"法"必须是良法，实际上是为了防止立法机关的专断与滥用职权，限制最高立法机关的立法权，强调宪法的最高权威。宪法实现这一目的的方式是规定税收法律制度所应遵循的基本原则，也就是税法基本原则。

在税收立宪的105个国家中，明确规定了除税收法定原则以外的其他税法基本原则的国家有29个，约占27.6%。在这些原则中，最重要的是税收公平原则，29个国家中全都有关于税收公平原则的规定。有些国家仅仅指明了税收公平原则。如《克罗地亚共和国宪法》（1990年）第51条规定："税收制度建立在公平和公正的基础上。"有的则明确规定了公平的具体标准，即纳税能力标准或同等牺牲标准和累进制原则。如《意大利共和国宪法》（1948年）第53条规定："所有人均须根据其纳税能力，负担公共开支。税收制度应按累进税率原则制订。"
《多民族玻利维亚国宪法》（1967 年）第 27 条规定："税收和负担的设立、分配和取消具有普遍性，应按照纳税人作出同等牺牲的原则，酌情按比例制或累进制确定。"

除税收法定原则和税收公平原则之外，世界各国的税收宪法中规定的税法基本原则还包括税收效率原则、社会正义原则、财政需要原则、禁止溯及既往原则和最低生活费不课税原则等，这些原则一般都是附带在税收法定原则和税收公平原则之后的，或者说，凡是包含这些原则的宪法必定包含税收法定原则和税收公平原则。如《科威特国宪法》（1962 年）第 24 条规定："社会正义是税收和公共捐款的基础。"第 48 条规定："依照法律纳税和交付公共捐款是一项义务，为使维持最低的生活水平，法律规定收入微少的人免除纳税义务。"

关于税法原则规定最全面的当数《秘鲁共和国宪法》（1993 年），其第 77 条规定："所有人都有缴纳应缴税捐和平均承受法律为支持公共服务事业而规定的负担的义务。"第 139 条规定："税捐的设立、修改或取消，免税和其他税收方面好处的给予只能根据专门法律进行。征收税捐须遵循合法、一致、公平、公开、强制、准确和经济的原则。在税收方面不设查抄税，也没有个人特权。"这两条宪法条文基本上概括了税法的所有基本原则，是世界各国宪法中有关税法基本原则立法的最完善的代表。

税收宪法中明确规定的税法基本原则是税收立法、执法、司法和法律监督都必须遵循的基本准则，因此立法机关所通过的税收法律也必须遵循这些基本原则，否则这些税收法律就是违宪的法律，是无效的法律，在存在宪法诉讼或司法审查制度的国家，有关当事人就可以提起诉讼，请求法院或权力机关宣布这些税收法律无效。

3. 对特殊法律形式的排除

有些国家的宪法还特别强调预算法不属于税收法定原则中"法"的范畴，即预算法不得规定有关税收的基本事项。如《科威特国宪法》（1962 年）第 143 条规定："预算法不得包括规定新税、增加现有税额、修改现行法律或者不颁布宪法规定应该颁布一项特别法律的任何条款。"做出这一规定，主要有三方面原因：一是由于预算大多由政府提出，议会所进行的审查往往是形式的，如果允许预算法规定税收事项就很容易将税收法定原则搁置和架空；二是由于预算法是对政府将来财政支出的预计与估测，如果预算法可以规定税收事项，政府财政支出就容易膨胀，税收法定就无法制约预算，反而被预算所制约；三是由于预算法大多是每年都要制定，如果预算法可以规定税收事项，那么，税收的固定性和稳定性就难以保证，税收法定也就成了形式上的原则。做类似规定的还有《意大利共和国宪法》（1948 年）第 81 条规定："批准预算的法律，不得规定新的税收和新的支出。"《西班牙王国宪法》（1978 年）第 134 条第 7 款规定："预算法不得增创税赋。在某项实质性税法预有规定的情况下，预算法可修改税赋。"这里为应付实际情况作了变通规定，但即使是这样，其前提仍然是税法的预先授权，也就是保证预算受到税收法定原则的约束。

4. 规定基本税收制度来约束法律

有些国家对具体税收制度的宗旨和原则也作了详细的规定，这也可以看作是对税收法定原则中的"法"的严格要求。如《葡萄牙共和国宪法》（1982 年）第 107 条规定："①个人所得税旨在缩小不平等，应在考虑以家庭为单位的需要和收入的基础上，实行完全的累进税率。②企业主要根据其实际收入纳税。③遗产税和遗赠税实行累进税率，以利于公民间的平等。④消费税旨在使消费结构适应经济发展和社会公平的变化着的需要，对奢侈消费应征收重税。"

5. 对税法有效期的限定

有些国家甚至对"税法"的有效期也作了规定，可以看作是对税收法定原则中的"法"进一步予以限定的特殊形式。如《比利时王国宪法》（1831年）第111条规定："国家税须每年投票通过。规定国家税的法律，如不展期，其有效期仅为一年。"《卢森堡大公国宪法》（1956年）也有类似规定，其第100条规定："有关征收国税问题，每年进行一次表决。为征税而制定的法律，有效期为一年，但经表决延长生效者除外。"

（三）对"定"的对象的界定

税收法定原则并不是指所有税收事项均应由法律予以规定，而只是强调最基本的税收事项应当由法律予以规定。什么是最基本的税收事项？各国税收宪法规定的法定事项是不同的，根据规定事项的详略，大体可以分为以下几种类型：

1. 将法定的事项笼统规定为征收税款

如《巴基斯坦伊斯兰共和国宪法》（1973年）第77条规定："非由议会法令规定或根据议会法令授权，不得为联邦用途而征收捐税。"采用这一方式的国家共24个，约占85个税收法定国家的28.2%。

2. 将法定的事项界定为税收的种类、税率、税收优惠等

如《大韩民国宪法》（1987年）第59条规定："税收的种类和税率，由法律规定。"采用这一方式的国家共8个，约占9.4%。

3. 将法定事项界定为开征新税、修改和取消旧税

如《黎巴嫩共和国宪法》（1947年）第81条规定："为了公共福利，应规定捐税。征收捐税只能根据黎巴嫩全国各地都适用的统一法律，在黎巴嫩共和国境内进行。"第82条规定：

"非根据法律，不得修改或取消任何税收。"采用这一方式的国家共18个，约占21.2%。

4. 将法定的事项界定为开征新税、修改和取消旧税、减免税和超额纳税

如《科威特国宪法》（1962年）第134条规定："非由法律规定，一般不得征收新税，修改或废除旧税。非有法律规定，任何人不得全部免除或部分免除应缴的该项税款。除法律另有规定外，不得要求任何人支付其他税款、费用或承受其他负担。"

5. 将法定事项界定为实体和程序两个部分

如《巴林王国宪法》（1973年）第88条规定："未经法律规定，不得开征任何新税、修改或取消旧税。除非法律有规定，任何人不得全部或部分免除纳税。除非法律有规定者外，不得要求任何人额外纳税、付费或强行摊派。法律规定征收捐税、费用及其他公共基金的规则以及税款、基金支出的程序。"采用这一方式的国家还包括土库曼斯坦、亚美尼亚和乌克兰等。

6. 在将基本税收事项予以法定的同时，还授予行政机关一定限度的变更权

如《土耳其共和国宪法》（1982年）第73条规定："税、捐、费及其他财政负担的课征、变更或废止均由法律规定。得授权内阁根据法律规定的上限和下限，变更有关税、捐、费和其他财政负担的减免率和例外照顾率。"

7. 在对基本税收事项予以法定的同时，还强调其他金钱给付性负担法定

如《爱沙尼亚共和国宪法》（1992年）第113条规定："国税、义务性纳金、关税、强制保险的罚金和支付款项均由法律规定。"采用这一方式的国家共12个，占14.1%。

（四）对"定"的程度的界定

世界各国对于税收法定原则的表述使用了各种不同的方式，这种不同的方式在某种侧面上反映了其对于税收法定原则"定"的程度的界定。纵观世界各国税收宪法对税收法定原则的表述，可以归纳出以下几种不同的界定程度：

1. 强调基本税收事项必须由法律予以规定，即规定基本税收事项的载体必须是法律，而不能是其他的规范性法律文件

这是对税收法定原则最严格的限定。如《巴林王国宪法》（1973年）第 88 条规定："未经法律规定，不得开征任何新税、修改或取消旧税。除非法律有规定，任何人不得全部或部分免除纳税。除非法律有规定者外，不得要求任何人额外纳税、付费或强行摊派。法律规定征收捐税、费用及其他公共基金的规则以及税款、基金支出的程序。"采取这种严格税收法定主义的国家共 24 个，占 85 个规定税收法定国家的 28.2%。

2. 强调基本税收事项必须由法律予以规定，但可以授权最高行政机关在法律规定的限度内进行有限的税收立法

这一对税收法定原则的限定显然比第一种稍微弱一些。如《土耳其共和国宪法》（1982年）第 73 条规定："税、捐、费及其他财政负担的课征、变更或废止均由法律规定。得授权内阁根据法律规定的上限和下限，变更有关税、捐、费和其他财政负担的减免率和例外照顾率。"

3. 强调基本税收事项必须由法律予以规定或授权

这一限定方式又比第二种稍微弱一些，因为它没有限定授权的对象和具体条件。如《巴基斯坦伊斯兰共和国宪法》（1973年）第 77 条规定："非由议会法令规定或根据议会法令授权，不得为联邦用途而征收捐税。"采用这种方式的国家共 18 个，占 21.2%。

4. 强调基本税收事项必须依据法律或法律规定的条件

这实际上也是强调规定基本税收事项的两种方式：一是由法律予以规定；一是根据法律规定的条件由其他行政法规予以规定。如《日本国宪法》（1947 年）第 84 条规定："新课租税，或变更现行租税，必须有法律或法律规定的条件为依据。"

5. 强调基本税收事项必须"根据"或"依据"法律

"根据"法律可以作多种理解：可以理解为基本税收事项必须由法律予以规定，也可以理解为基本税收事项可以由法律授权行政法规予以规定。如《黎巴嫩共和国宪法》（1947 年）第 82 条规定："非根据法律，不得修改或取消任何税收。"采用这一方式的国家共 12 个，占 14.1%。

四、我国的税收法定原则及其完善

（一）对《中华人民共和国宪法》[1] 第 56 条的分析

我国《宪法》只有一条关于税收的条文即第 56 条规定，中华人民共和国公民有依照法律纳税的义务。从形式上来讲，我国也可以算作税收立宪的国家。但如果从税收立宪的最根本的标志——税收法定原则来看，我国尚不能算作真正的税收立宪国家。

关于我国是否已经真正确立了税收法定原则，学界有不同观点，有学者认为我国已经确立了税收法定原则，有学者认为我国尚未真正确立税收法定原则。[2] 仅仅从第 56 条的文字表述来看，难以确定其是否表达了税收法定原则，必须纵观整个宪法条文的文字表述才能得出结论。判断我国是否确立税收法定

---

〔1〕 《中华人民共和国宪法》以下简称《宪法》。
〔2〕 杨小强：《税法总论》，湖南人民出版社 2002 年版。

原则的关键是 56 条中所使用的"法律"一词的含义，如果是指狭义的法律，即由全国人大及其常委会所制定的规范性法律文件，那么就可以说我国确立了税收法定原则；如果是泛指一切具有法律效力的规范性文件，那么就不能说我国已经确立了税收法定原则。

我国《宪法》在多处使用了"法律"一词，在有的地方明显指狭义的法律，不包括行政法规在内，如《宪法》第 5 条规定，一切法律、行政法规和地方性法规都不得同宪法相抵触。但有些地方所使用的法律则不宜作狭义的解释，如第 5 条还规定，一切国家机关和武装力量、各政党和各社会团体、各企业事业组织都必须遵守宪法和法律。一切违反宪法和法律的行为，必须予以追究。这样的例子在我国《宪法》中是不胜枚举的，因此，不能肯定第 56 条的法律就是指狭义的法律。

我们再考察一下和第 56 条比较相似的同样是规定公民基本义务的第 53 条和第 55 条。第 53 条规定，中华人民共和国公民必须遵守宪法和法律，保守国家秘密，爱护公共财产，遵守劳动纪律，遵守公共秩序，尊重社会公德。这里的法律显然只能作广义解释。第 55 条第 2 款规定，依照法律服兵役和参加民兵组织是中华人民共和国公民的光荣义务。这一条在条文表述方式上和第 56 条是十分相似的，因此，如果第 56 条的法律是指狭义的法律，那么这里的法律也应该是指狭义的法律。我国至今尚没有一部专门针对民兵工作的法律，我国目前调整民兵工作的最高法律文件是 1990 年 12 月 24 日国务院和中央军委令第 71 号发布的《民兵工作条例》，如果将《宪法》第 55 条的法律作狭义解释，我国公民就没有参加民兵组织的义务，因为没有相关的法律依据。可见这里的法律仍不能作狭义解释。

根据以上讨论，可以认为我国《宪法》尚未真正确立税收法定原则。这就需要进一步努力加以完善，从而推动我国社会主义法治建设不断前进。

（二）完善我国税收法定原则的设想

完善我国的税收法定原则是完善我国的税收立宪制度的核心与基础，鉴于我国目前是在《宪法》和《立法法》两个层次对有关税收的事项予以规范，因此，完善我国的税收法定原则也应该从这两个层次着手。

借鉴世界其他国家关于税收法定原则的立法经验，结合我国《宪法》结构的特点，本文认为，可以考虑在《宪法》的第56条增加一项关于税收法定原则的规定："非根据法律的明确规定或授权，任何人不得被强迫缴纳任何税款。"《立法法》中也应当明确规定税收法定原则，但从我国目前的税收立法现状以及《立法法》的相关规定来看，《立法法》的规定还是可以接受的，关键是现实中如何真正落实的问题。

在我国税收立法逐渐完善以后，我国《宪法》不仅要在公民的基本义务中规定税收法定原则，而且要在《宪法》中专门设置财政章节，进行财政立宪，并在其中明确规定税收法定原则，要强调开征新税、变更税率、减免税和取消税种都必须由法律明确予以规定；根据特殊实际的需要，全国人大及其常委会可以就个别税种或个别税收事项授权国务院在规定的条件和限度内通过行政法规的方式予以规范。在《立法法》中，更应当明确规定基本税收事项均应由法律明确规定，在极个别情况下可以授权国务院立法，但不允许空白授权立法，授权立法要符合一定的标准，而且全国人大常委会要对国务院的授权立法行为予以监督，在违反宪法、法律和授权决定的情况下可以撤销国务院的行政法规。有了这些相应的规定，我国的税收法定原则将达到非常完善的程度，这必将对我国纳税人权益的保障以及我国国家税收权益的保障起到极其重要的作用，同时也必将推动我国税收立法的不断完善，最终实现税收法治的目标。

税负与财产保护

一、引言

国家向公民征税，它剥夺了原本属于公民之物，即对公民的财产进行干预，乍看上去此乃天经地义。事实上，这一问题在德国宪法上比较复杂。在数十年时间里，联邦宪法法院的判例法一致认为，财产权仅仅在例外情况下针对税负提供保护。只是近年来相关判例法才有所变化。现在笔者尝试着对其原因加以解释。

二、《德意志联邦共和国基本法》[2]中的财产权保护结构

德国《基本法》对财产权保护作出了复杂的规定。例如，《基本法》第14条第1款原则上保护财产权，但又责成立法者通过法律规定财产权的"内容和限制"。此外，《基本法》第14条第2款规定，财产权负有义务，其行使应同时有益于公共福利。

---

〔1〕[德] 赖因哈特·盖尔，教授，德国联邦宪法法院前法官。
〔2〕《德意志联邦共和国基本法》以下简称《基本法》。

　　这表明，财产权是一项基本权利，该权利首先不具有确定内容，需由相关法律规定对其进行构建。[1]因此，立法者的首要任务是，在尊重宪法原则决定的前提下确定财产权的内容与限制。[2]就财产权内容的确定而言，基本法原则上赋予立法者相对宽泛的形成领域，但个案中需依财产权对象的个人或社会关联予以具体化。[3]立法者以合宪形式行使其形成权，不构成对基本权利的限制。[4]唯有通过法律形成的财产方构成财产权保护的对象并受到宪法保护。[5]因此，《基本法》第 14 条第 1 款被称为由规范构建的基本权利。

　　与其他基本权利无异，对财产保障而言，其作为防御权的功能居于首要地位。防御功能的目的在于确保个人的自由领域不受国家干预。[6]同样，财产权也作为个人自由，享有不受国家干预之保护。具体来说，法律赋予的财产权人的支配、使用和处分的权利受到保护，也就是说，宪法保障财产权人在财产法范围内的自由空间，从而使其能够以自负其责的方式生活。[7]宪法保障的财产权，其特点在于私益性及财产权人对财产标的原则上享有处分权。[8]财产权人应能使其财产权作为个人能动性之基础，以自负其责的对己有利的方式从中获益。[9]

---

〔1〕　参见联邦宪法法院判决，14，263，277。
〔2〕　参见联邦宪法法院判决，24，367，396。
〔3〕　参见联邦宪法法院判决，21，73，83。
〔4〕　参见联邦宪法法院判决，21，92，93；24，367，396。
〔5〕　参见联邦宪法法院判决，24，367，396。
〔6〕　参见联邦宪法法院判决，68，193，205。
〔7〕　参见联邦宪法法院判决，97，350，371；102，1，15。
〔8〕　参见联邦宪法法院判决，31，229，240；102，1，15。
〔9〕　参见联邦宪法法院判决，100，226，241。

三、联邦宪法法院迄今为止的判例法

1. 不构成财产权干预

立法者肩负着确定财产权"内容与限制"的任务，这便引出了如下问题：哪些权利被规定为财产权并由此受到《基本法》第14条的保护。如前所述，由于财产保障旨在确保个人在财产法领域的自由，使其能以对自己负责的方式生活。因此，受保护的不仅是民法意义上对物的所有权，而且也包括成文法赋予个人的所有具有财产价值的法益。[1] 因此，受到宪法保护的财产权包括所有具有财产价值的权利，这些权利通过法律赋予某个私人权利主体，使其能通过自负其责的决定、为了自己的私人利益而行使相关权限。[2] 通过这种方式，立法者创设的、作为财产权内容的法益便受到宪法的保护。因此，受到《基本法》第14条保护的不仅仅是那些绝对权，即针对所有人的物权，也包括债权，即仅对债务人设定的进行给付的义务。[3] 就财产权条款是否针对税负提供保护的问题而言，个人笼统的、整体意义上的资产并不受《基本法》第14条保护。[4]

作为财产受到保护的只能是具体的个别法益，诸如对某一特定物的所有权或者具体的请求权。相反，个人资产也就是个人所有单个财产权的总和，换言之，个人资产系指某人的所有有金钱价值的事物的总和。[5] 由于资产并非一项独立的权利，

---

[1] 参见联邦宪法法院判决，24，367，396；58，300，336。
[2] 参见联邦宪法法院判决，83，201，209；123，186，258。
[3] 参见联邦宪法法院判决，68，193，222；83，201，208及下。
[4] 参见联邦宪法法院判决，78，232，243；95，267，300。
[5] 参见联邦宪法法院判决，4，7，17。

因此也不受到保护。[1]受保护的永远只是具体的权利。如果无法确定某个具体权利遭受干预，则财产便未受侵犯，也无法以个人整体意义上的资产受到干预为由主张《基本法》第14条的保护。

鉴于上述考虑，直到几年前，联邦宪法法院一致认为，设定向国家进行给付的义务时，特别是国家征税时，不涉及财产保障的保护范围。向国家纳税同所有金钱给付义务一样，不是通过特定的财产对象来完成的，而是从纳税人的"处于流变之中的资产"中征收。[2]纳税人自行决定以何种方式履行其纳税义务。[3]

2. "扼杀效果"的例外

当国家设立的给付义务对相对人来说负担过重，严重影响其资产状况，以致该税负产生了"扼杀效果"时，这便构成对财产权这一基本权利的侵犯。[4]该司法判决受到了批评，有关批评无疑是正确的，原因在于根据这个判决，虽然个人整体资产并不受保护，但是如果对个人整体资产设定的负担达到了一定的强度，就会转化为对财产权的干预，这在教义学上无疑是令人费解的。[5]

如果国家针对特定的财产对象征税，并且税收额度导致财产权人无法继续持有这一财产，则税收就是具有扼杀效果的。在"斗犬案"中，联邦行政法院就作出了这样的判决。[6]

---

[1] Vgl. Epping, Grundrechte, Springer, 2017, 边码448。

[2] 参见联邦宪法法院判决，95，267，300。

[3] Vgl. Epping, Grundrechte, Springer, 2017, 边码448。

[4] 参见联邦宪法法院判决，78，232，243；95，267，300。

[5] Vgl. Epping, Grundrechte, Springer, 2017, 边码449。

[6] 参见联邦宪法法院判决，150，225。

该案涉及巴伐利亚的一个镇对养犬者征收的一种市镇税。该镇规定，对在一份名单中列出的特定斗犬按每年 2000 欧元征税，这相当于对其他所有未被列为斗犬的狗所征收的 75 欧元狗税的 26.7 倍。

鉴于税费额度，联邦行政法院认定其具有"扼杀效果"，因为税率之高使得事实上根本不可能再养斗犬了。该镇通过对特定类型的具有抽象危险性的斗犬课以高额税，除了有税收方面的考虑之外，也有引导行为的考虑，即将此类危险的狗赶出该镇。然而，联邦行政法院则认为"扼杀效果"构成了征税的最大限制。本身应纳税的行为不得因为税负过高而无法实现，因为这样一来，通过税收原则上允许的行为调节的结果则相当于具有约束力的行为规则，从而通过事实上的禁止而排挤了税收筹集资金的功能。换言之：税收不能如此来设定，以致税法上合理的引导行为的目的转化为禁止一个行为的目的。

在这个具体案件中，高赋税导致的结果是狗税恰恰与税收所具有的、增加财政收入的目的背道而驰，因为如此高的狗税显然是让人不可能养得起斗犬，亦即恰恰不为获得税收收入。

值得注意的是，根据联邦宪法法院的判例法，如果联邦行政法院在该案中适用《基本法》第 14 条规定的财产保障来作出裁判，无疑是顺理成章的。不过，联邦行政法院也并非必须这样做，其作出的判决无疑是正确的。在该案中，联邦行政法院着眼立法权限问题而作出了裁判。具体而言，该镇的征税权无法为事实上禁养斗犬提供充分法律依据。然而，此类征税的目的恰恰针对某个特定对象，旨在阻止该对象的获取或持有，此类征税完全可以援引对于财产的保护，因为归根结底，这样做实际上是禁止个人对某个特定对象享有财产权。

四、第二审判庭的新思路

1. 针对所得税的财产权保护

近来，联邦宪法法院第二审判庭在审理涉及个人所得税和营业税案件时偏离了之前相对统一的判例法。在国家征收上述税种时，征税行为是对具体权利而不是个人整体资产的干预，因此相关征税行为就构成对财产权的干预。[1] 第一审判庭尚未根据这一较新思路作出裁判，但在审查市镇对第二处住宅征税时提及了财产权保护问题，不过因为这在具体个案中并非关键因素，第一审判庭并未对这个问题作出明确回答。[2]

为论证其观点，第二审判庭将有关问题与危险防御立法进行了类比。判例法上已经肯定，如果财产权人被要求承担危险预防措施费用，其可以主张《基本法》第 14 条的保护。[3] 同理，如果如个人所得税法和企业所得税法那样，对获得财产的行为设定纳税义务，则公民也应当可以主张宪法财产权保护。就此，第二审判庭指出了"财产权保障的意义是保护个人对具有财产价值之法益的拥有和使用"。因此，如果税收是针对具有财产价值的权利的，为了公共利益而对个人利用其财产的行为加以限制，那么相关税收法律也就作为需要予以正当化的财产内容和限制规定，构成了对财产保护范围的干预。

税收并非《基本法》第 14 条第 3 款意义上的征收。根据《基本法》，税根本不可能构成征收，因为——正如第一审判庭已经澄清的那样——征收的前提条件是发生了权利的转移

---

〔1〕 参见联邦宪法法院判决，115，112，33 及下。
〔2〕 参见联邦宪法法院判决，135，126，44。
〔3〕 参见联邦宪法法院判决，102，1，14 及下。

（Güterbeschaffung）。[1] 也就是说，必须是剥夺了对某个特定客体的财产权，以将该客体转为国家的财产或其他征收受益人的财产。但征税并非为了转移权利，而是为了确保国家获得完成其任务所需财政资金。

就个人所得税与企业所得税而言，第二审判庭认为，这些税收针对的是纳税义务人在为期一年的征税期内获得的所得，这并非仅仅涉及纳税义务人整体意义上的、不受财产权保护的个人资产，而是构成了对具体权利的干预。《基本法》第 14 条虽然并不保护获取财产的行为，但对已经获取的财产提供保护。就所得性质的税收而言，纳税义务人取得了财产，因此必须纳税。从而，国家对个人取得财产的行为进行了征税。

当然，纳税义务人自行决定用自己的哪些资产来纳税。但是，在第二审判庭看来，这并不改变这一事实，即税负是对新的所得而设定的。

第二审判庭也坚持认为，设定金钱给付义务本身原则上并不涉及财产权保障，但国家对个人取得所得的行为设定纳税义务时，这一点就不成立了。

关键在于，尽管第二审判庭认定税收在特定情况下构成对财产权的干预，但就结果而言，它也并未提供超出既有判例法的保护。相反，第二审判庭明确表示，审查税负是否符合在《基本法》第 14 条规定的财产权，而不是审查其是否符合第 2 条第 1 款规定的一般行为自由，在结果上并没有实质区别。[2]

税法上对财产作出的限制，也应当符合宪法的一般要求，

---

[1]　参见联邦宪法法院判决，第一审判庭 2016 年 12 月 6 日的判决——1 BvR 2821/11，新法学家周刊 NJW 2017，217，边码 243 及下。

[2]　参见联邦宪法法院判决，115，112，38。

特别是应当符合比例原则。值得一提的是，对于"半分原则"（联邦宪法法院之前在一个判例中提出，对所得征税税率不得超过 50%，国家最多能够通过税收获取纳税人一半所得），第二审判庭明确予以拒绝。相反，税法的立法者应当履行其根据《基本法》第 14 条第 1 款第 2 句承担的宪法委托，既要保障财产权（《基本法》第 14 条第 1 款第 1 句），也要确保财产制度时符合社会公正（《基本法》第 14 条第 2 款）。立法者必须对相关各方应受保护的利益进行公正的平衡。因此，立法者必须在征税的公共利益、个人要求征税尽可能保护其财产的诉求之间进行权衡。

2. 后果

第二审判庭承认，对立法者的权衡决定进行宪法审查是非常困难的。对国家征税行为进行限制的话，联邦宪法法院就可能间接地迫使立法者限制支出，从而也就限制其职责，但《基本法》并没有授权联邦宪法法院这样做。

第二审判庭还指出了另外一个问题：因为必须参照低收入税收对高收入征税进行适当的设计，对不同税率的设计主要也应以宪法要求的负担均等为标准进行纵向衡量。

在此，涉及个人所得税时，由立法者自由裁定是否对税率进行直线性或累进式设计。若立法者选择累进式税率，原则上就不应指责对高收入课以重税，就纵向税收公正而言，采用这种税率制时不能对此加以指责，不过扣税后必须保证相关纳税义务人拥有可自由支配的高收入，以彰显收入的私益性。如果遵守了这一点，很大程度上由立法者自行对纵向税收公正意义上的适当性作出自由决定。因此，在此意义上的财产权保护也只能是宽泛的。

五、总结

归纳起来，联邦宪法法院司法判决的特点是，尽管第二审判庭近来的司法判决有教义上的优点，但税法领域的财产权保护仍然很快遭遇瓶颈。

这再自然不过，因为国家必须征税才能获得完成其政治决定所需的财政手段。在民主国家里，这种政治设计不能由法院审查，其审查的毋宁是选民即国民，特别是通过国民在选举时所作的决定。

据此，财产权保障尽管能够防止过度征税，但却无力在税收体系内部建立起公正，尤其确保纵向税收公正是其他基本权利的任务，特别是平等原则的任务。

宪法上征收规范的效力是否及于征税：一个比较法的观察

刘连泰[1]

内容摘要：宪法上的征收规范一般不拘束征税。从德国法和美国法的情形来看，宪法上的征收规范对征税具有"弱拘束力"，只有在极端情形中，征税可能因违反征收规范而无效。《德意志联邦共和国基本法》（以下简称《基本法》）上的征收规范对征税的拘束力主要表现为"半数原则"，《美利坚合众国宪法》（以下简称《美国宪法》）上的征收规范对征税的拘束力主要表现为"极其武断的征税构成没有补偿的征收"。《基本法》和《美国宪法》的规则对解释《中华人民共和国宪法》（以下简称《宪法》）上的征收规范具有借鉴意义。

关键词：征收　征税　拘束力

我国《宪法》第 13 条第 3 款规定："国家为了公共利益的需要，可以依照法律规定对公民的私有财产实行征收或者征用并给予补偿。"对该条规定最近几年聚讼纷纭，但争议多围绕拆

---

〔1〕　刘连泰，男，湖南澧县人，厦门大学法学院教授，法学博士。

迁补偿纠纷展开〔1〕。如果我们进一步追问：该条规定中的征收是否包括征税？如果不包括，就意味着我国宪法文本中有两个征收的概念——"财产征收"中的"征收"、"税款征收"中的"征收"。这又进一步延伸出这样一个问题："财产征收"中的"征收"与"税款征收"中的"征收"有什么差别？也就是说，征收规范的效力能否符合逻辑地延伸到征税？

　　征收规范与公民的财产权保障密切相关。从宏观的角度观察，西方制度最早起源于对财产权的保障：《英国大宪章》不过是一纸限制国王征税权的契约，西方制度也不过是从"无代议士不得纳税"这一理念生发的控制国家权力的机制。但从发生学的角度理解征收规范对征税权的限制无益于解决当下的问题。从发生学的角度看，对国家征税权的限制是为了保障公民财产

---

〔1〕　近几年爆发了一系列影响较大的拆迁补偿纠纷。先后有重庆最牛的"钉子户"案，深圳最贵的"钉子户"案，长沙坚持时间最长的"钉子户"案。重庆最牛"钉子户"案源自重庆市鹤兴路片区项目改造，该改造项目由一家开发商执行。开发商和政府从2004年8月31日贴出动迁公告。该片区有住户281户，280户接受安置方案，已经搬走。住户吴苹不接受安置方案，拒绝搬迁。法院裁定该房产应该拆迁，但吴苹认为法院裁定书不合理，仍然拒绝搬迁。于是，整个片区只有一幢房屋矗立在工地的中央。被网友称为"最牛的钉子户"，载 http://news.sina.com.cn/c/2007-03-23/091112593483.shtml，最后访问日期：2008年10月10日。长沙坚持时间最长的"钉子户"案源自2004年长沙市启动的长沙南门口一带的旧城改造。开发商和政府的拆迁公告发布后，绝大多数住户都已搬迁。但周姓业主等三人认为补偿标准过低，要求换同地段的商铺，或者每平方米补偿30万，否则拒绝搬迁。于是一座房屋孤零零地矗立在长沙步行街门口，至今已近4年。载 http://www.6318.cn/tb/jd/200711/179012.html，最后访问日期：2008年10月10日。深圳最贵的"钉子户"案源自深圳金融一条街的建设，蔡珠祥在公告的拆迁地段有779.81平方米的房产，当初造价为120万，2005年深圳市政府要求拆迁，蔡珠祥拒绝接受评估价。最后，政府妥协，支付给蔡珠祥人民币1200万元的补偿。载 http://soufun.com/news/2007-10-29/1302886.htm，最后访问日期：2008年10月10日。

权，但其中的财产权应是自然法意义上的财产权。[1]进入宪法文本的财产权已然脱胎换骨，是规范意义上的财产权。我们要讨论的问题是：作为财产权规范有机组成部分的征收规范是否构成对征税的制约？

"比较法能使我们超越比利牛斯山。"[2]看看域外的情形，对我们会有一些启迪。从德国法和美国法上的情形观察[3]，可以看出征收规范对税收有"弱"拘束力。

——

《基本法》中的征收规范位于第 14 条，其内容如下：

"一、财产权及继承权应予保障，其内容与限制由法律规

---

　　[1]　许多学者已注意到财产和宪法的关系，有的学者甚至提出财政宪法学的概念。这些宏观的论证路径大多从宪法的产生开始论证，其中的公民财产权概念更接近自然法的理解。参见朱孔武：《财政立宪主义研究》，法律出版社 2006 年版，第 179 页。当然，也有学者当然认为征收规范适用于征税，参见钱俊文：《国家征税权的合宪性控制》，法律出版社 2007 年版，第 184 页。

　　[2]　贺卫方：《法边馀墨》，法律出版社 2003 年版，第 9 页。

　　[3]　参见陈新民：《法治国公法学原理与实践》（上），中国政法大学出版社 2007 年版，第 277 页。在论及"宪法财产权保障之体系与公益征收之概念"时，陈先生加了个副标题："德国与美国的比较研究"；陈新民先生是留学德国的学者，德国法的知识背景毋庸置疑，在论述财产权和征收规范时，为什么要从德国法和美国法的比较中展开？另一篇美国学者的文章同样可以给我们提供这样的思路，美国康奈尔大学的 G.S. 亚历山大教授发表的"财产权是基础性权利吗？"，同样加了副标题：以德国为比较项。参见［美］G.S. 亚历山大："财产权是基础性权利吗？——以德国法为比较项"，郑磊译，载胡建淼主编：《公法研究》（第 5 辑），浙江大学出版社 2007 年版，第 413 页。这种不约而同的标本选取方式给我们提供了这样的信息：德国法和美国法代表了财产权和征收规范的两种典型模式。正如陈新民先生所说："由于德国及美国对财产权的保障，以及涉及本问题的其他法律问题，早已进行深入之研究……"尽管德国法、美国法，之后中国法的叙述思路落入俗套，却属不得已之举。

定之。

二、财产权负有义务。财产权之行使应同时有益于公共福祉。

三、财产之征收，必须为公共福祉始得为之。其执行，必须由法律或依据法律始得为之，此项法律应规定赔偿之性质与范围。赔偿之决定应公平衡量公共利益与关系人之利益。赔偿范围如有争执，得向普通法院提起诉讼。"

1993 年前，德国联邦宪法法院之基本立场为，《基本法》上财产财产权保障，对金钱给付义务的课征不适用该条。也就是说，该条中的财产是指特定的财产。而纳税义务使特定人负担特定金钱给付义务，只就该特定人总体财产减少，对具体财产权并未侵犯。这一原则最早为 1954 年联邦宪法法院所主张。[1]嗣后则认为公法上金钱给付义务如过度，致根本上损害其财产关系或产生没收与"绞杀"效果时，则违反《基本法》第 14 条[2][3]。但迄今为止，没有一部税法因这一理由而被宣告违宪。也就是说，财产权条款只有在非常极端的情况下，即过度课征时，才及于金钱给付义务。

联邦宪法法院的这一立场经历了来自学界和实务界的诸多批评，却并未从根本上动摇。如何认定"过度课征"？1993 年到 1995 年，联邦宪法法院发展出"最适财产权课税理论"。具体内容大致可以归纳如下：

---

〔1〕 Vgl. BverfGE 4, 7 (17).

〔2〕 陈新民教授将"绞杀效果"翻译为"勒死效果"，将产生这种效果的税捐称为"勒死式税捐"，德文单词为 Erdrosselungsteuern. 该概念是由 W. Weber 提出的。参见 W. Weber, EigentuminderKrise, S. 335. 转引自陈新民：《法治国公法学原理与实践》（上），中国政法大学出版社 2007 年版，第 287 页。

〔3〕 Vgl. BverfGE 30, 250 (272); 38, 60 (102), 312 (327); 67, 70 (88); 70, 219.

（1）财产税方面（以动产、不动产以及其他财产的权利价值为征税客体的税收），应以财产具有收益能力为限，否则对私有财产会产生"绞杀效果"。[1]也就是说，财产税的课征最终是以收益为对象的。[2]如果财产本身没有收益能力，国家又对其征税，财产本身最终会归于消灭。

（2）对财产整体的租税负担，应遵从"半数原则"：收入减除成本、费用后的收益，按照类型观察法[3]，租税的总体负担不应超过半数。"半数原则"的规范依据是《基本法》第14条第2项：财产权之行使应同时有利于公共福祉。也就是说，财产的私用是优先的，负担租税是财产权的附带社会义务，不能喧宾夺主，超过所有人所得的一半。

（3）特别保护个人和家庭所需财产。[4]从《基本法》第14条可以演绎出财产权的生存权保障功能，而且，婚姻家庭受到《基本法》第6条的特殊保障。因此，常规或一般水准的家用财产，应免征财产税，在继承税中也应规定充分的免税额。[5]

（4）为社会政策目的财产税之租税优惠，因与公共福祉相关，在规定了明确构成要件的前提下，是正当的。[6]

（5）如果继承标的是企业，继承税的课征，不得损害企业的持续经营。因企业作为就业场所，负有增进公共福祉的义务。[7]

---

[1] Vgl. BverfGE 93, 149, 152 ff.

[2] Vgl. BverfGE 93, 121.

[3] 类型观察法的基本含义是：依据一般的生活经验，对于拟制或推定的、典型的事实关系课税。如当事人之间进行了房地产交易，但纳税时拒绝或提交不了交易材料，这时就按照评估价格课税。目的是减轻稽查部门的核查负担，简化课税手续。

[4] Vgl. BverfGE 93, 121, Leitsatz3.

[5] Vgl. BverfGE 93, 165, 175.

[6] Vgl. BverfGE 93, 121, 148.

[7] Vgl. BverfGE 93, 165, 175.

　　观察德国法上的情形，我们可以得出的一个基本结论是：征收规范对征税具有"弱拘束力"。也就是说，在一般情形下，《基本法》中的征收规范并不当然拘束征税，但如果课征过度，则违反财产权规范。此外，依财产的不同种类，对税收的要求也略有差别。

一

　　《美国宪法》文本中的征收规范包含在《美国宪法第五修正案》（以下简称《第五修正案》）和《美国宪法第十四修正案》（以下简称《第十四修正案》）之中。《第五修正案》规定，不经正当法律程序，不得剥夺生命、自由或财产。不给予公平补偿，私有财产不得为公用目的被征收。《第十四修正案》第 1 款将该规范适用于各州。这两个修正案所涉及的对征收的限制能否适用于对征税的限制呢？

　　一般认为，美国法对征税权的唯一限制就是对政府权力的一般性限制。一项税收制度如规定对白人和黑人、对女人和男人征收不同的税，将被攻击为违反平等条款。但如果征收同样的税，哪怕是很高的税，就不易受到攻击。针对报纸的特殊税种将被攻击为限制表达自由，而不是违反征收条款。一个税率达 100% 的没收性税种可能被攻击为恣意而无效，但攻击是在实体性正当程序条款下进行的，与国家征收权（eminent domain）无关。"征税权放在宪法的一个房间，而征收权放在宪法的另一个房间。""对一个权力的限制不适用于对另一个权力的限制。"[1]

---

〔1〕　Richard A. Epstein, *Takings：Private Property and the Power of Eminent Domain*, Harvard University Press, 1998, p. 283.

之所以坚持征收规范不适用于征税，是因为征收规范与补偿伴随，而不可能规定"当事人在纳税后必须得到利益补偿……司法部门不可能坚持这样的准则：每个纳税人都应该得到平等的利益，法官也不可能衡量纳税人的纳税数量和得到的利益数量之间的比例关系"〔1〕。但问题是："征收和征税是手的两面，征税和征收不是是否应该区分，而是如何区分。"〔2〕自19世纪末期开始，直至20世纪80年代，公众以征收规范为依据，要求判决某类征税违宪的诉求从来就没有停止过。联邦最高法院时而谨慎地踟蹰前行，时而有原则地后撤〔3〕。梳理这些判例，我们可以归纳出联邦最高法院对该问题的基本态度。

（一）超过纳税人财产价值本身的专用税是否构成征收："诺伍德诉贝克案（Norwood v. Baker）"〔4〕

1898年，俄亥俄州汉密尔顿县（Hamilton）诺伍德镇（Norwood）为了延伸爱温湖大街（Ivenhoe），征收了贝克的土地，并支付了2000美元的补偿。

当时的美国，有一种专用税（asess）制度，即公共不动产改造完成后，可能使毗连的财产升值，因此毗连财产的所有人应该为此支付费用，即专用税。最后测算出贝克应支付的2218.58美元专用税。

贝克认为，向其征收专用税违反《第十四修正案》，构成没有补偿的征收。

---

〔1〕 Barron Dienes, *Constitutional Law*, West Publishing Co. 2005. p. 142.

〔2〕 Barron Dienes, *Constitutional Law*, West Publishing Co. 2005. p. 142.

〔3〕 筛选案例时，参考了 RichardA. Epstein, *Takings：Private Property and the Power of Eminent Domain*, Harvard University Press, 1998. 这些案例 Epstein 教授在该书中引用过，但没有展开。案例的内容来自 LEXIS 数据库。

〔4〕 172U. S. 269（1898）与该案类似的还有 Martin v. District of Columbia，该案中，哥伦比亚特区向马丁征收3倍于土地的专用税，205 U. S. 135（1907）.

经过一系列程序，该案最后上诉至联邦最高法院。联邦最高法院不否认专用税的合法性："没有疑问，毗连财产的所有人应该缴纳专用税，以支付在其门前开放一条公路的费用——这种专用税建立在已经确立的原则之上：从公共不动产提升中得到了特殊利益的人应该承受特殊负担……立法部门可以创设一个新的税收区域（taxing district），决定哪些地区属于这一区域，哪些财产从计划的公共不动产提升中获得了利益。"[1]但立法部门在这类事务上的权力不是无限的。"立法部门逾越了界限，在行使自己税权时，与公民的财产权不一致。正如已经指出的，专用税的基础是应纳税财产从不动产提升中获取了特殊的利益，因此财产所有人事实上不应支付超过其从不动产提升中所获利益的任何东西。如果将它确立为一项宪法规则，立法部门将不动产改进的所有费用强加在某些私有财产之上，置所有人从该工程中获得的特殊利益于不顾，还不允许他（指财产所有人——译者注）在法院质问，公民私有财产的保障将受到严重侵蚀。立法部门规定毗连街道的财产从街道开放这一不动产改进工程中获取了特殊利益，应该为此作出特殊的贡献，并将它作为一个普遍的规则是一件事；而不问财产是否从街道开放中获益，都需要按照其前座的宽度缴纳固定的专用税，以支付不动产改造的全部费用，这种税确定或即将确定，且其总额超过纳税人从中获得的利益时，不给当事人任何权利，完全是另一件不同的事情。"[2]

具体到本案，"对私有财产所有人征税以支付公共不动产改造的费用，数额实质性超过了纳税人从中获得的特殊利益，超

---

[1]　172 U. S. 278（1898）.
[2]　172 U. S. 279（1898）.

过得如此之多，是掩盖在征税权条款下的没有补偿的、对私有财产的公用征收。"[1]联邦最高法院之所以说"实质性超过"，是因为精确的等值税收（指精确地判断税收和当事人从中获得的利益）永远做不到。

"因为超过，我们不能在征税权和国家征收权之间作出区分。在征税的场合，公民按照自己的比例承受公共负担；当他的土地因公用目的而被征收，他的奉献超过这一比例，这就是征税权和国家征收权效力之间的差别。当超过公共不动产改造利益的费用强加在几个土地所有人身上时，这些支付的税收超过收益的公民，就被要求支付超过其公共费用份额的费用，这一强制性的行动不在征税权的恰当范围内。"[2]

最后，法院认为：对贝克征收的专用税实质性超出他获取的特殊利益，构成对财产的征收，该征收为了公用目的，但没有补偿。所以是违宪的。

（二）遗产税是否构成对公民财产的征收："马苟恩诉伊利诺斯州信托储蓄银行案（Magoun v. Illinois Trust and Savings Bank）"[3]

原告马苟恩（Magoun）是纽约公民，且居住地在纽约。1898年，约瑟芬托伦斯（Joseph T. Torrence）是伊利诺斯州人，有大批财产在伊利诺斯州。约瑟芬托伦斯死后，委托伊利诺斯州信托储蓄银行处理遗产，马苟恩是继承人。伊利诺斯州的库克县（Cook）征收5000美元的遗产税。该笔遗产总共价值600 000美元，库克县要求信托公司直接从遗产中支付遗产税。

---

〔1〕 172 U. S. 279（1898）.

〔2〕 172 U. S. 280（1898）.

〔3〕 170 U. S. 283（1898）. 这一时期，与本案类似的遗产税案件还有 Knowlton v. Moore，178 U. S. 41（1899）；New York Trust Company ETAL.，As Executors of Purdy，V. Eisner，256 U. S. 345（1921）等。但这些案例与征收规范之间联系的紧密度都不如本案。所以文章选择本案展开。

原告不同意，要求伊利诺斯州信托储蓄银行不予支付。经过一系列程序，伊利诺斯州信托储蓄银行要求联邦最高法院审查遗产税的合宪性。

伊利诺斯州信托储蓄银行认为遗产税法是违宪的。理由是遗产税针对遗产征收，是直接税[1]，构成对公民财产的征收。

麦肯纳（Mckenna）法官代表法院发表了判决意见。麦肯纳法官首先长篇叙述了遗赠和继承税的历史，表明该税不是新近出现的税种。"遗赠和继承税并非新出现在我们的法律中。自出现在宾夕法尼亚州（Pennsylvania）以来，已逾60年，在其他州也一直执行……这些税种的合宪性一直被肯定……"[2]谈到这里，麦肯纳法官笔锋一转，"没有必要评论这些案件，也没有必要长篇大论支持这些判决的推理。它们建立在两个原则之上：第一，继承税并不针对财产，而是针对财产的继承；第二，通过接受遗赠或继承获得财产是法律的创造而不是自然权利（nature rights），是实证法上的权利（privilege）。因此，授予这种权利的权力可以为该权利设置条件。从这些原则中可以推导出，州可以对这些权利征税，在亲属之间作出区分，并在亲属和陌生人之间作出区分，规定不同的税率，还可以允许一定的扣除；宪法中的有关征税的统一性和平等性要求并不排除这种权力的行使。"[3]

---

[1] 在案件发生时，征收直接税的是违宪的。依据是《美国宪法》第1条第9款第4自然段：除依本宪法上文规定的人口普查或统计的比例，不得征收人头税和其他直接税。该款后被第十六修正案（1913年2月3日批准）修改为：国会有权对任何来源的收入规定和征收直接税，无须在各州按比例分配，也无须考虑任何人口普查或人口统计。当今，学界对国会征收直接税正当性仍有争议。参见王晓刚、王则柯：《美国税制》，中国经济出版社1999年版，第146页。

[2] 163 U.S. 625, 627 (1890).

[3] 163 U.S. 625, 627 (1890).

麦肯纳法官还引用了布朗（Brown）法官在美国诉珀金斯案（United States v. Perkins）中的判决，该案涉及纽约州继承法的合宪性，布朗法官写道：

"所有文明国家都承认，每个公民都享有对自己收入的绝对权利，他们可以享受自己的财产以及财产带来的收益。在其一生中，除了这些，国家也可以要求其为公共负担奉献自己应负的那一份，通过立遗嘱处分自己财产的权利历来就被视为法律的创造物，受到立法的规制。"[1]

法院最后判决：遗产税法是合宪的，不构成对公民财产的征收。

（三）为补贴农民向加工商征税是否构成征收："美国诉布特勒案（United States v. Butler Et Al., Receivers of Hoosac Mills Corp.）"[2]

1933年，美国卷入全球性的经济危机。农产品价格极度下滑，农产品库存增加，农民的购买力下降。为此，美国国会于1933年5月通过了《农业调整法》。该法的内容之一是：与农场主签订合同，控制主要农产品的播种面积，减少进入市场的农产品，提高农产品的价格。同时，对减少播种面积的农场主予以直接补贴。用于补贴的金钱来自对农产品加工商在购买原料时收取的"加工税"（processing and floor-stock taxes）。加工税率的高低由农产品市场价格和公平价格之间的差距来决定。主要农产品包括小麦、棉花、玉米、猪、大米、烟草、牛奶以及其他乳制品。该税一直征收到农民的购买力恢复到1907年8月至1914年7月时期的购买力为止。

---

[1] 163 U.S. 625, 627（1890）.
[2] 297 U.S. 6（1936）.

1933 年 7 月 14 日，农业部部长在取得总统同意后，征收"棉花加工税"，补贴给主动减产的棉农。布特勒是棉花加工商，认为该税违宪。理由是根据《美国宪法》第 1 条第 8 款，国会征税只能用于"偿付国债、提供合众国共同防务和公共福利"，在本案中只能套用"提供公共福利"。按照一般的理解，是为了支持政府运作的征收：政府不能对一部分人征收金钱，却支付给另一部分人。如果对一部分人征收金钱，却支付给另一部分人，就构成没有补偿的征收，违反《第五修正案》[1]。美国没有从正面回应布特勒，而是认为"税进入国库后可以用于任何用途，被告（指布特勒——译者注）不再与之有利害关系。纳税人不能因自己认为花费不合法、降低了公共资金的使用效率，加重纳税人的负担而追问国库资金的用途。因为这种税对具体纳税人的影响非常小，是否一定会加重纳税人负担不可知"[2]。

罗伯茨（Roberts）法官代表联邦最高法院发表了判决意见。

本案的关键显然是：加工税的开征是否符合"提供公共福利"的要求，如果不符合，是否构成《第五修正案》中的征收。但罗伯茨法官却绕开这一棘手的问题，"法院不能也没有必要确定公共福利的范围，也无须确定为调整农业的征税是否在公共福利范围内"，而是从国会的权力讨论开始。

国会有无权力将征收的款用于补贴减产的农民？这涉及对《美国宪法》第 1 条第 9 款第 7 自然段的理解，"国会除根据法律规定的拨款外，不得从国库提取款项……"该条款是赋予国会的一项独立权力，还是一项附属性条款（即为保证国会行使其他权力的手段）呢？麦迪逊认为这是行使其他权力的副产品，

---

[1]　297 U. S. 1（1936）.
[2]　297 U. S. 12（1936）.

因为行使其他权力必须花钱；汉密尔顿认为是一项独立的权力，只受到"提供公共福利"的限制；斯托雷（Story）法官在以往的判例中曾支持过汉密尔顿的观点。要理解这一法条，还必须将它和第1条第8款第1自然段联系起来：国会有权征税"以偿付国债、提供合众国共同防务和公共福利"，"提供公共福利"是不是国会的权力？罗伯茨法官谈道：《美国宪法》第1条第8款规定国会有权"规定和征收税收……用以偿付国债、提供美国共同防务和公共福利"，其中提供公共福利并不是一项单独的条款，也不是一般性赋予议会提供公共福利的权力，而是用来定义和限制"规定和征收税收"的权力[1]。既然提供公共福利不是国会的一项权力，国会仅将征收加工税作为调整农业的手段，调整农业是否在国会的权限范围内呢？罗伯茨法官谈道："我们的政府有双重形态：在所有的州，都有两个政府——州政府和联邦政府；除了人民通过宪法授予联邦政府的权力外，州有全部的政府权力，除非宪法否定或人民保留……如果我们承认公共福利条款支持税收这一新颖的观点，则那一条款不仅支持议会替代各州进行农业和其他工业的管制，还可将宪法中的其他条款作为手段，则勤勉设计出来的、为定义和限制合众国权力、保留各州权力的机制将被破坏殆尽，各州的独立性就此消灭，合众国掠夺各州管理地方事务的权力，行使没有限制的警察权，从而演变为全能政府。"[2]此外，罗伯茨法官还谈道："农场主自愿减产并不能证明国会立法的合宪性，因为农民的自愿是在强制之下的'自愿'——不减产就得不到补贴[3]。"

归纳起来，法院判决要旨是：征税是国会的权利，促进公

---

〔1〕 297 U.S. 59（1936）.

〔2〕 297 U.S. 63（1936）.

〔3〕 297 U.S. 65（1936）.

共福利不是国会的权力。农产品的管制不是国会的权力，因为宪法没有明确授予国会，其应该属于各州。不能通过征税达到违宪的目的。国会没有权力征税以实现本属于各州权限范围内的事项。通过行使征税权破坏分权原则，属于权力的滥用。农民的自愿不是真实的，他们如果不遵守管制令，就得不到利益。

　　法院的判决到此，似乎可以收尾了，布特勒应该胜诉。但罗伯次法官忽然来了个 180 度大转弯：尽管如此，该法案并不影响布特勒的权利，因为布特勒没有诉讼资格。马伯里诉麦迪逊案的判决逻辑再次上演了[1]。

　　（四）开采税的纳税人是否应该得到与纳税数额相应的服务："卡蒙威尔斯·爱迪生公司诉蒙大拿州案（Commonwealth Edison Co. Et Al v. Montana Et Al.）"[2]

　　卡蒙威尔斯·爱迪生公司位于蒙大拿州，是一家以开采和出售煤炭为主业的公司。该公司开采的煤炭 90% 销往其他州。

　　从 1921 年开始，蒙大拿州对该州境内开采的煤炭征收开采税，根据煤炭价值、含热量和开采方法，确定不同的税率，最高可以按照合同售价的 30% 征收。1978 年，卡蒙威尔斯·爱迪生公司和该公司的州外客户认为该税违宪，其要求蒙大拿州返还他们已经缴纳的开采税 540 万美元。1981 年，该案最后上诉到联邦最高法院。

---

　　[1]　马伯里诉麦迪逊案中，马歇尔法官长篇大论地评价了麦迪逊行为的非法性，但最后却认为：尽管马伯里的权利受到侵害并应得到法律救济，但是联邦最高法院对这一属于政治性的问题没有管辖权。因此判决马伯里败诉。Marbury v. Madison, 5 U. S. 137（1803）

　　[2]　453 U. S. 609（1981）.

卡蒙威尔斯·爱迪生公司认为开采税违宪的理由之一[1]是开采税的税率太高，与蒙大拿州为煤炭开采业提供的服务不相称。"州要为地方事务支出费用——修造学校、道路、维持警察和防火机构的运转、维护公共健康、保护环境等诸如此类。折算出来，摊到煤炭行业的费用最多每吨 2 美分，而按照现行的税率，相当于每吨煤炭支付了 2 美元……从煤炭行业征收的开采税中，50%存入信托基金，为后代人所享有，等于这 50%用在了与煤炭行业完全无关的领域。"[2][3]在这些推论的基础上，卡蒙威尔斯·爱迪生公司认为开采税违反《第十四修正案》，构成对财产的征收，所有人没有得到补偿。归结起来，争讼双方争议的焦点之一是："征收不合理或者超出其份额的税收"是否违反《第十四修正案》。

马歇尔法官代表联邦最高法院发表了判决意见。针对"征收不合理或者超出其份额的税收"是否违反《第十四修正案》这一问题，马歇尔法官谈道："正当程序条款并不要求从某一行业征收的税款必须与政府对该行业提供的服务存在合理关联。

---

[1] 文中的陈述只是卡蒙威尔斯·爱迪生公司等所持理由之一。认为开采税违宪的其他理由是：第一，违反美国宪法中的商业条款：开采税按照合同销售价征收，蒙大拿州煤炭开采公司的销售合同多是与其他州的用户签订的，所以，卡蒙威尔斯·爱迪生公司等认为，该税构成对州际商业的管制。根据《美国宪法》第 1 条第 8 款，州际商业管制的权力属于国会。第二，违反美国宪法中的"最高条款"，即《美国宪法》第 6 条第 2 自然段，美国宪法和联邦法律是全国最高的法律，州宪法和法律不得与之抵触。本案中，蒙大拿州开采税的征收对象包括属于联邦，但位于该州范围内的煤矿。蒙大拿州征收开采税后，联邦政府从中收取的使用金就会受到影响。第三，开采税违反平等条款，构成对其他州用户的歧视，因为开采税最终的承担者是州外的用户。第四，开采税违反美国的能源政策，当然最后一点不属于违宪范畴。因本文的主题是讨论征收规范的效力，所以不将上述 4 个理由展开。

[2] 453 U. S. 621（1981）.

[3] 将这笔钱存入信托基金的原因是：矿藏是当今美国人和美国人的后代共有的财产，现在对矿藏的开采剥夺了后代的财产权利，参见 453 U. S. 621，（1981）.

相反，一直以来的情形是某些人或某些阶层纳税，却无法从税金的花费中享受到直接利益，且他们无法得到救济，这一点，我们再熟悉不过了……税不是专为利益服务的。正如我们曾经说过的，它是分派政府负担的方法。纳税人从中得到的唯一利益是：在一个有组织的社会中享受权利，这个有组织的社会之建立和保卫，都需要为了公共目的纳税……宪法从未禁止蒙大拿州将开采税的一定比例为后代人享有。"[1]

联邦最高法院最后判决：开采税以及开采税的税率并不违反《第十四修正案》，不构成对财产的征收。

进入20世纪80年代以来，美国国内税改方案频出。税的正当性争议多被税的合理性争议取代，辩论的舞台也从法院移到了国会，针对的目标也从各州和各自治团体的税种转向联邦税种，征税行为在何种情形下违反宪法文本中的征收规范，在法院的判例中逐渐淡隐。

综观上述判例，我们可以初步得出的结论是：美国联邦最高法院在面对有关征税案例时，并不绝对排斥征收条款的适用，征收条款对税收具有"弱拘束力"。当然，美国联邦最高法院对征收条款的适用是谨慎的：是迫不得已的最后选择。第一个案例中，无法援引正当程序条款，也无法援引分权条款，征收条款的援引就成为的最后的杀手锏。而在第二个案例和第三个案例中，法院要么绕开征收问题，直接回到分权条款，要么将视线转移：征税的对象是财产的转移而不是财产，从而回避征收条款的适用[2]。的确，法院要将征收条款适用于税收，技术难

---

〔1〕 453 U. S. 623 (1981).

〔2〕 该判决曾遭到爱泼斯坦教授的猛烈抨击。爱泼斯坦教授认为：对继承征税和对财产征税没有本质的差别。因为本案中的继承是根据遗嘱继承的，遗嘱是所有人处分自己财产权的方式。爱泼斯坦教授进一步认为，继承也应该视为自然权利，

度太大：法院不能代替国会认定税收是否必须（比如是否为了提供公共福利），那会将法院置于政策判断的汪洋中；尽管公民纳税之后也得到补偿（购买公共产品，我们通常说的"取之于民，用之于民"），但法院不可能判断公民纳税数量和得到利益之间的比例关系。法院之所以在第一个案例中援引了征收条款，是因为专用税的纳税人和受益人范围都较为狭窄，纳税数量和得到利益之间的比例关系容易判断[1]。这也从一个侧面提醒我们：之所以在多数场合不将征收条款适用于征税，不因为征收和征税之间有本质上的差别，而是确定补偿和征收之间关系在技术上有较大难度。

但联邦最高法院认为征收条款对征税具有"弱拘束力"。在极端的情形中，"税法可能被法院否决，如果它如此武断，以至于人们被迫得出一个结论：那不是征税权的行使，从实质和效果看，构成别的为宪法禁止的权力之直接行使，比如说，对财产的没收"[2]。联邦最高法院一直在审理征税是否违反征收规范的争议时，这段话被反复援引。

三

《基本法》和《美国宪法》中的征收规范对征税具有"弱拘束力"。也就是说，在极端情形下，税法可能因违反宪法中的征

（接上页）而不是法定权利。该权利的目的就是限制政府的征收权。参见 Richard A. Epstein, *Takings: Private Property and the Power of Eminent Domain*, Harvard University Press, 1998, p. 288.

〔1〕 正是在这个意义上，有的州法院将专用税理解为土地征收，拒绝僵硬地划分财产征收和收税。People ex rel. Post v. Mayor of Brooklyn, 6 Bar. 209, N. Y. Sup. Ct. (1849).

〔2〕 453 U. S. 636 (1981).

收规范而无效，我们可以将其称为对征税权的实体控制。当然，对征税的钳制主要是通过程序控制来完成的：税收法定主义对征税具有"强拘束力"，即通过分权规范实现对征税权的控制——代议士通过的法律是征税的唯一规范依据。而《美国宪法》则主要通过"正当程序"规范来完成。实体控制和程序控制的结合，将征税权限制在正当的轨道内。

这一制度框架是否适合于当下的中国语境？

我们是否可能通过税收法定主义和征收规范的立体框架完成对征税的全面监控？我们无法逃避的追问是：在今天，中国的税收法定主义尚有较大的进步空间，讨论适用我国《宪法》第13条来规范征税，是否合适？此外，《宪法》第13条对税收以外的征收控制尚且备受争议，讨论该规范对征税的控制，是否有些夸张？

也许，经典意义上的税收法定主义在中国宪法文本中难觅踪迹[1]，这正是我们从征收规范中挖掘对征税权控制之意蕴的理由。而且，就全局而言，征税对公民财产权的影响远大于其他征收：征收个别公民的财产只会对个别公民的财产导致个别损害，而征税则针对不特定公民的总量财产。因此，如能从我国《宪法》第13条有逻辑地解释出对征税权的合宪性控制意

---

〔1〕 我国《宪法》第56条规定："中华人民共和国公民有依照法律纳税的义务"。该规范是否可以理解为税收法定主义存在争议。经典意义上的税收法定主义包含两个方面的内容：税收法定主义中的"法"指代议机关通过的法律，没有代议机关通过的法律不能征税；征税机关应按照代议机关制定的法律征税。我国《宪法》第56条规定的法律是否单指人民代表大会及其常务委员会通过的法律不确定，从合宪性推定的角度出发，该规范所指的法律是广义的，包括国务院的行政法规，因为我国存在大量的行政法规规定征税问题；此外，该条规定了公民依照法律纳税的义务，没有规定征税机关按照法律征税。参见覃有土等："论税收法定主义"，载《现代法学》2000年第3期。

蕴，实在"功莫大焉"。

放眼《基本法》，我们能得到诸多启示。第一，德国税收的半数原则是从财产权的社会义务中推导而出，我国《宪法》第13条中的财产权条款有无该项意蕴？第二，《基本法》第14条推导出生存权的理念，因此，税收不能有害于个人及家庭的生存，我国《宪法》第13条有无可能做这种推导？我国《宪法》第13条规定："公民的合法的私有财产不受侵犯。国家依照法律规定保护公民的私有财产权和继承权。国家为了公共利益的需要，可以依照法律规定对公民的私有财产实行征收或者征用并给予补偿。"该规范用两款的篇幅从正面肯定公民私有财产权，征收和征用仅仅是一种例外的情形，我们可以从中解释出公民财产私有在逻辑上的优先性。我国《宪法》文本中尽管没有规定生存权规范，但如果按照德国法的推演模式，我国《宪法》第13条对财产权的生存保障功能可以被演绎得更加充分。财产的功能大体上可分为两个层面：营业和生存保障。我国《宪法》文本对财产权的营业功能是在第11条规定的，"在法律规定范围内的个体经济、私营经济等非公有制经济，是社会主义市场经济的重要组成部分。国家保护个体经济、私营经济等非公有制经济的合法的权利和利益。国家鼓励、支持和引导非公有制经济的发展，并对非公有制经济依法实行监督和管理"。既然《宪法》第11条已经规定了财产权的营业功能，第13条的重心就应是财产的生存权保障功能。如果将财产权对家庭的保障功能纳入考察视野，我国《宪法》文本更不缺少规范资源——我国《宪法》第49条第1款规定："婚姻、家庭、母亲和儿童受国家的保护。"于是，我们也可以逻辑地推演：关于构成"绞杀"效果的征税违反我国《宪法》文本中的征收规范，对私有财产的征税也应遵守"不超过半数"规则，对维持家庭或个人生存必需的财产征税时，必须谨慎。

　　如果将纳税理解为购买公共产品的支出，在大多数情形中，购买的公共产品是否与公民的纳税额等价无法判断。但如果出现在一个相对具体的语境中，公民纳税数量与得到的公共服务之间的比例关系容易判断，如果征税权的行使极其武断，公民的纳税数量与得到的公共服务明显不成比例，则征税行为应被视为违反宪法文本中的征收规范。[1]

---

　　[1]　我们可以讨论一个虚拟的案例。目前学界在讨论将社会保险费改为社会保障税，假设该制度已经实施。如果法律规定我们只有在 80 岁以后支取养老金。该法律就违反《宪法》文本中的征收规范：因为 80 岁以后可能领取的养老金数额极其有限，与公民缴纳的社会保障税数额明显不成比例。将社会保险费改为社会保障税的讨论可参见林凯鸿："中国社会保障制度费改税刍论"，载中国优秀博硕士论文数据库，http://dlib.cnki.net/kns50/detail.aspx ! filename = 2005075288. nh&dbname = CMFD2005，最后访问日期：2009 年 2 月 18 日。

个人所得税作为财产权限制

——基于基本权利教义学的初步考察[1]

张　翔

内容摘要：传统上，个人所得税被认为与财产权保障无关。但在财产权的保护范围从"物"向"财产利益"、从"存续保障"向"价值保障"扩张后，所得税开始被纳入财产权的问题视野。个人所得税应被界定为个体享有财产权所应承担的社会义务，而非对财产的征收。征收个人所得税，应当作为对财产权的限制而接受合宪性审查。宪法上的比例原则、本质内容保障与税法上的量能课税、半数原则等有学理上沟通的必要。

关键词：个人所得税　财产权的社会义务　比例原则　本质内容保障　量能课税　半数原则

税收关系是国家与个人之间的重要关系，国家的征税权必须遵守宪法为公权力设定的规则。对税的研究从税法思维走向宪法思维，用宪法规范审查税法规范，是必须完成的"税法的革命"。宪法对公民依法纳税义务的规定是对税法进行实质性合

---

　　〔1〕　张翔，北京大学法学院教授，法学博士。本项研究得到教育部人文社会科学研究一般项目"财产法中的基本权利问题研究"（11YJC820170）、中国人民大学"明德青年学者计划"（13XNJ005）的支持。

宪审查的依据，而公民基本权利作为国家公权力活动的边界，同样约束国家的征税权。在各项基本权利中，最直接与税收发生关系的是私有财产权，而直接与私人财产相关的税种是个人所得税。对个人所得税，我国财税学和财税法学多有研究，但就笔者观察所见，其中对宪法基本权利原理的运用尚显不足。笔者希望从基本权利教义学出发，主要以德国相关理论为参考，对个人所得税作为财产权限制的法理进行初步的整理，以期推进宪法学与财税法学的互动。

一、财产权的保护范围不及于个人所得税？

（一）传统学说：个人所得税与财产权无关

个人所得税是国家对个人金钱财产的无偿取得，因此在各项基本权利中，人们很容易首先将个人所得税与财产权联系起来，探讨私有财产权对国家征税权的限制。[1]但是，如果我们考察各国私有财产权的宪法学说与宪法实践，却会发现传统上并不将个人所得税作为财产权问题去讨论。例如，在德国 1954 年的"投资帮助案"（Investitionshilfe）中，德国联邦宪法法院认为，投资帮助法并未构成对诉愿人所主张的《德意志联邦共和国基本法》（以下简称《基本法》）第 14 条财产权的"干预"（Eingriff），《基本法》上财产权的保护范围，并不及于公法上的金钱给付义务（Geldleistungspflichten）。[2]有学者在梳理《美利坚合众国宪法》（以下简称《美国宪法》）第五修正案和第十四修正案这两个征收相关条款的适用范围时，也发现在传统理论中，私有财产征收条款并不及于征税。"征税权放在宪

---

〔1〕 参见王怡："立宪政体中的赋税问题"，载《法学研究》2004 年第 5 期。
〔2〕 Vgl. BVerfGE4, 7 (17).

的一个房间，而征收权则放在宪法的另一个房间。""对一个权力的限制不适用于对另一个权力的限制。"[1]何以如此？难道针对个人金钱的税收居然与财产权无关，难道宪法上的财产权无法保护国家要求个人缴纳的税款部分，难道国家征税行为不是对财产权的限制，难道个人不能依据私有财产权对抗国家的横征暴敛？

理解这样一个看起来违背常识的荒谬问题，需要首先对基本权利限制的分析框架，以及私有财产权条款的规范结构有所理解。[2]

在德国的基本权利教义学中，对公权力限制基本权利的行为是否合宪的分析，分为以下三个步骤[3]：(1) 基本权利的保护范围、(2) 基本权利的限制和 (3) 基本权利限制的合宪性论证。基本权利的保护范围 (Schutzberiech)，也就是指哪些事项属于基本权利的保障事项，以及哪些人构成基本权利的权利主体。在基本权利的保护范围内，基本权利主体无论是积极作为还是消极不作为，都构成"基本权利的行使"。只有当某种行为或某项利益落入基本权利的保护范围，国家对该行为或利益的限制才是所谓"基本权利的限制"。如果某事项根本就不能落入基本权利的保护范围，则国家即使干预该行为，也不构成对基本权利的限制，也就无所谓合宪与否的问题。[4]对基本权利

---

〔1〕 刘连泰："宪法上征收规范的效力是否及于征税：一个比较法的观察"，载《现代法学》2009 年第 3 期，转引自，Richard A. Epstein, Takings：Private Property and the power of Eminent Domain, Harvard University Press, 1998, p. 283.

〔2〕 关于财产权条款的结构，请参看本文第二部分。

〔3〕 参见 Pieroth/Schlink, Grundrechte. Staatsrecht Ⅱ, 25. Aufl, 2009, S. 3

〔4〕 关于基本权利限制的分析框架，参见张翔："基本权利限制问题的思考框架"，载《法学家》2008 年第 1 期 (因篇幅限制，此文发表时有删节，全文参见张翔："论基本权利限制"，载莫纪宏主编：《人权保障法与中国》，法律出版社 2008 年版。)；参见赵宏："限制的限制：德国基本权利限制模式的内在机理"，载《法学家》2011 年第 2 期。

限制问题的思考，首先要从基本权利的保护范围开始。讨论个人所得税与财产权的关系，首先要看财产权的保护范围是否及于国家要求个人缴纳的税款。基于此，前述的德国联邦宪法法院判决的逻辑是：个人基于国家科以的金钱给付义务所支付的金钱，并不落入财产权的保护范围，从而国家的行为并不构成对财产权的限制，也就不必从财产权出发对其进行合宪性审查。何以如此？

（二）财产权的保护范围：从"存续保障"到"价值保障"

这里涉及对财产权的保护范围的界定。财产权的保护范围随着时代变迁，有逐步扩张的趋势，概括言之，是从"物"到"财产利益"，从单纯"存续保障"到包含"价值保障"。传统的财产权旨在保护"物的所有权"，至今《基本法》第 14 条所使用的概念是仍是"所有权"（Eigentum），而非财产权（Vermögensrecht）。"所有权"的概念来自于传统民法。《法国民法典》第 544 条规定："所有权是对于物有绝对无限制地使用、收益及处分的权利，但法令所禁止的使用不在此限。"《德国民法典》第 903 条第 1 款第 1 句规定："在不与法律或第三人的权利相抵触的限度内，物的所有人可以随意处置该物，并排除他人的一切干涉。"这意味着，所有权必须是以某"物"（Sache）为对象的，所有权保障（Eigentumsgarantie）是与特定对象物相联结的。这种来自传统民法的所有权概念，对德国宪法有着深刻影响。1919 年德国《魏玛宪法》第 153 条规定"所有权受宪法的保障"就沿用了固有的民法"所有权"的概念，其保护范围最初也仅限于民法物权篇的"所有物"。直到 1949 年《基本法》，仍然继续沿用了"所有权"这一术语。

与此相适应，传统上的"所有权保障"主要就是一种"所有物的存续状态保障"，也就是说，所有权的保护主要是针对所有人继续保持对物的所有状态，而其他的财产利益并不在最初的宪法财产权的保障范围中。作为宪法上典型的所有权保障内容的，是个人的不动产物权和动产物权，即使对此作扩大的解释，首先能从逻辑上被纳入的也是诸如著作权、商标权、专利权等无体财产权。由此，宪法财产权所对抗的，也主要是"征收"，也就是取得物的所有权，取消所有权存续状态的行为。按此逻辑，征收所伴随的补偿，也是对剥夺其所有物而给予的对价。由此可见，宪法财产权最初只是保障物上所有权，其整个教义学结构都是围绕"物的存续状况的维持"展开的。基于此，也就不难理解，为什么个人所得税等金钱给付义务并不被德国传统理论作为财产权问题讨论。因为抽象的金钱给付，无法与某特定物发生连结。比如某人应交 500 元个税，但这是针对其财产整体的负担，无法具体锁定是哪一个"物"的"所有权"受到了侵害。

传统的财产权保障主要局限于对所有物的存续状态的保障，其社会基础在于：在传统的农业社会，个人维持自身和家人生存的基本条件就是个人对其私有物——比如自耕农的土地——的所有权。正如洛克所言，他用来维持自己的生存或享受的大部分东西完全是他自己的，并不与他人共有[1]。在农业社会中，个人的衣食以及其他的生活资料，都主要依赖其土地的产出。德国民法典制定的时代，是个尚未充分工业化的时代，大部分的人还是生活在农村和小城市，小型农业、手工业占据着经济生活的主导地位，在这种条件下，每个人或家庭都能做到自给自足，人们不指望国家或者半国家的组织能够提供什么帮

---

〔1〕 参见 ［英］洛克：《政府论》（下篇），叶启芳、瞿菊农译，商务印书馆1964 年版，第 28 页。

助。[1]同时，个人的发展也完全依赖于其所有权，没有足够的财产就无法获得个人价值的充分实现。鉴于对物的所有权是个人生存和人格发展的基本条件，失去此条件则个人生存失去基本物质基础，故而从民法到宪法，主要保障的都是对物的所有权，而在宪法层面的意义就是防御国家取消所有物存续状态的征收行为。[2]

然而，传统的财产权教义学在新的时代却面临改造和完善。其背景是，进入现代社会以后，相比对物的所有，金钱和其他财产利益对于个人的生存和发展的意义更加突出。随着工业化和城市化的进程，越来越多的人口不再从事传统的职业，也不再拥有土地等私产，更多的人进入城市成为产业工人，他们维持自己生存的基本物质条件，已经从对土地等物的所有权转变为通过雇佣劳动的工资收入以及国家的福利给付。个人生存的常态不再是依赖于土地上的耕作和土地上的收益，而是依靠在公司、企业和其他现代经济组织中从事雇佣劳动而获得的工资。[3]这种条件下，财产权教义学不能昧于社会现实的变化，不能继续固守仅仅保障"物的存续状态"，而是应当将财产权的保护范围扩张到对金钱所有权等的保障。在德国魏玛宪法时期，对财产权的保护，已开始展现出不同于近代民法的内涵。在对《魏玛宪法》第 153 条的解释中，宪法上所有权的标的被扩充到任

---

[1]　参见［德］卡尔·拉伦茨：《德国民法通论》（上册），王晓晔等译，法律出版社 2004 年版，第 66 页。

[2]　与此相关，财产权保障不及于征税的另一个原因是，由于征收是国家取得私人的物的所有权，从而必须给出对价，也就是补偿，而纳税是不予补偿的，因此，主要对抗征收的财产权，就不及于税收。参见刘连泰："宪法上征收规范的效力是否及于征税：一个比较法的观察"，载《现代法学》2009 年第 3 期。

[3]　Vgl. Konrad Hesse, Grundzüge des Verfassungsrechts der Bundesrepublik Deutschland, 20 Aufl, S. Rn. 433.

何具有财产价值的私权利。[1]从"物"到各种"财产利益"，财产权的保护范围被大大扩张了。[2]到了德国基本法的时代，在学者们的努力之下，宪法财产权的保护范围也继续从单纯的存续保障向着价值保障的方向扩大，税收的问题才开始被纳入财产权的问题域。

（三）金钱所有权与金钱给付义务

基于财产权的保护范围从"所有物"到"金钱利益"，从"所有物的存续保障"到"价值保障"的扩大，税收问题开始被涉及。在1995年关于财产税的判决中，宪法法院结合《基本法》第2条人格自由发展的规定，将宪法上的所有权保护扩展到与处分权和用益权相关的财产价值保障上，[3]也就是从对财产的"占有""使用"等存续状况，扩及基于财产的交换和收益等的价值层面，从静态的所有走向动态的市场。在1998年的欧元判决中，宪法法院强调所有权保障原则上也包括具有金钱价值的债权，确认"物上所有权与金钱所有权具有等价性"[4]。这最终是将抽象的金钱与具体的物一样纳入了《基本法》第14条的保护范围。其论证遵循了这样的逻辑，"钱是印刷出来的自由，因为其可被自由交换成为对象物"[5]，既然具体的物是财产权的保护对象，那么能够通过支付而转化为物的金钱，也就

---

〔1〕 Vgl. Martin Wolff, Reichsverfassung und Eigentum, in Festgabe für wilhelm Kahl, 1923, ss. 5/20.

〔2〕 值得注意的是，我国《宪法》第13条的修改也体现了这种转变。我国《宪法》在2004年修改时，用"财产权"取代了"所有权"。并且，王兆国认为，"用'财产权'代替原条文中的'所有权'，在权利含意上更加准确、全面。"这说明第13条的修改是充分考察了财产权的规范内容的变迁的。

〔3〕 Vgl. BVerfGE93, 121.

〔4〕 BVerfGE97, 350（371）.

〔5〕 ebenda.

在财产权的保护范围之内。这个转变还意味着，原来只针对个别的、具体的对象的所有权保障，就可以扩及抽象的财产的"价值整体"。个人所缴纳的税款，就不会再因为不能与某个具体的物直接连结而被排斥在所有权的保护范围之外了。国家针对个人的税收，作为一种国家课以的金钱给付义务，就自然应该作为财产权的问题来讨论。而在此之前，关于税收与财产权的关系，联邦宪法法院也有拓展。在1971年，联邦宪法法院认为，如果税收出现所谓"扼杀性效果"，就属于违背《基本法》第14条。[1]所谓扼杀性效果（erdrosselnde Wirkung），是指国家并非是为了征税，而是希望以极高的税收，使得该项经营活动无法进行，这意味着，征税只是为了掩盖国家"禁止"的目的。而在另外的判决中，宪法法院也将财产权作为税收不得过度的最后边界，也就是税收不能根本性地影响个人的财产。这样，个人所得税所涉及的金钱给付义务，就属于财产权保障所应予关注的问题。

具体到所得税的层面，财产权保护范围的扩张，是使得个人所得税被纳入财产权问题领域的关键。正如有学者概括的："所得税系对个人就其（财产）所有权予以营利所赋予之负担。所得税所掌握者，为财产之孳息，而非财产自身私有所有权。"[2]孳息不同于财产的本体。如果财产权只保护财产的本体，则对孳息的取得，因为并不影响物上所有权的存续状态，从而就不会被看作对财产权限制。而在财产权的保护范围扩及整体财产利益后，孳息就落入财产权的保护范围，而国家的征税（令个人承担公法上金钱给付义务），也就构成了对财产权的限制。

---

〔1〕　Vgl. BVerfGE30，250（272）.
〔2〕　参见葛克昌：《所得税与宪法》，北京大学出版社2004年版，第10页。

二、个人所得税是何种性质的"财产权限制"？

进一步的问题就是，应该将个人所得税视为何种性质的"财产权限制"？由于传统上并不将所得税与财产权保障联系起来，因此也无需讨论所得税究竟属于何种财产权限制。但是，如果将所得税纳入财产权的教义学，就必须解决这个问题。

（一）财产权限制的两种类型

对于财产权的限制可以分为两类：一为征收，一为财产权的社会义务。[1]从法律后果的角度可以对二者作简单的区分：征收必然伴随着补偿，而财产权的社会义务是对于财产权的无补偿的单纯限制。德国法上对二者的区分首先是基于《基本法》中财产权条款的结构，《基本法》第 14 条有 3 款，分别是"财产权与继承权受保障，其内容与界限由法律规定""财产权负有义务，财产权的行使应当同时服务于公共福利""财产的征收，必须是为了公共福利，并且必须根据法律进行"。此项法律必须规定补偿的性质与范围。补偿决定应公平衡量公共利益与关系人的利益。如果对补偿范围发生争议，得向普通法院提起诉讼。该条的第 1 款和第 3 款是对征收的规范，按照其规范内容，德国学者概括出一个术语"唇齿条款"（Junktimklausel）来说明征收和补偿规范的关系。[2]所谓"唇齿条款"，是指法律规范就某一事项予以规定时，必须同时就与该事项相关联的其他事项进行规定。就财产权规范而言，意味着征收规范和补偿规范相

---

〔1〕 参见张翔："财产权的社会义务"，载《中国社会科学》2012 年第 9 期。

〔2〕 最早使用这一术语的是德国学者 Ipsen. Hans Peter Ipsen，Enteignung und Sozialisierung，VVDStRL10（1952），S. 74.

互连结、相互依存，规定征收的法律必须同时对补偿作出明确规定，没有补偿规定就不得规定征收。[1]值得注意的是，我国《宪法》第 13 条第 3 款规定的"国家为了公共利益的需要，可以依照法律规定对公民的私有财产实行征收或者征用并给予补偿"，也是非常明确地确定了"唇齿条款"的含义。最为明显的体现，是在 2004 年《宪法修正案（草案）》讨论中，对一个逗号是否应删除的讨论。《宪法修正案（草案）》最初的表述是"国家为了公共利益的需要，可以依照法律规定对公民的私有财产实行征收或者征用，并给予补偿"。但有代表提出，"依照法律规定"是只规范征收、征用行为，还是也规范补偿行为，应予明确。作为对此的回应，全国人民代表大会主席团明确指出："'依照法律规定'既规范征收、征用行为，包括征收、征用的主体和程序；也规范补偿行为，包括补偿的项目和标准。""为了避免理解上的歧义"，将"并给予补偿"前的逗号删去。这意味着，对于财产的征收征用作出规定的法律，必须同时规定补偿的内容。[2]

征收（Enteignung）的本义是"没收""剥夺"。在传统上，征收是指公权力剥夺对物的所有权的行为，所有权的移转是其基本特征。[3]由于所有权被转移，相应的补偿就相当于交换中的对价，因而是理所当然的。征收是最为传统和典型的对财产权的限制。而依据《基本法》第 14 条第 2 款建构出来的"财产权的社会义务"则是出于这样的理念：出于维护社会正义的目

---

〔1〕 参见［德］鲍尔/施蒂尔纳：《德国物权法》（上册），张双根译，法律出版社 2004 年版，第 254 页。

〔2〕 参见《第十届全国人民代表大会第二次会议主席团关于〈中华人民共和国宪法修正案（草案）〉审议情况报告》，2004 年 3 月 12 日第十届全国人民代表大会第二次会议主席团第二次会议通过。

〔3〕 Vgl. Günter Dürig, *Zurück zum Klassischen Enteignungsbegrigg*, JZ1954, S. 9.

的，财产权应当作自我限缩。在个人张扬其财产自由的同时，应使其财产亦有助于社会公共福祉的实现，也就是能够促进合乎人类尊严的人类整体生存的实现。财产权受到社会关系的约束而承担社会义务的典型例子是：对土地所有人使用地下水的限制、对房东解除租赁合同和提高房租的限制、出于工人利益而对企业主经营决策权的限制。财产权的社会义务乃是基于社会关联性而对财产的使用、收益等的限制，被认为是财产出于公共福利的原因而应该承担的负担。财产权的社会义务是不与补偿相联系的。[1]

（二）两种类型的区分标准

按照古典概念，征收是国家对私人所有物的本体的取得，并支付对价作为补偿。而财产权的社会义务只是基于社会平衡、社会公正的考量而对私人财产的正当约束，由于并不取得所有物，当然也就无所谓补偿。二者的区分在这个意义上是明确的。但是，实践中却存在一些对财产利益造成重大损害但并不影响到所有权的情形。例如，禁止对文物保护区内登记的建筑进行改建，[2]这对于财产所有人的限制非常大，如果不予补偿就难谓公道。这样，在德国法上就对征收的概念进行了扩充以进行必要的补偿。但是这种变化带来的问题是：因为扩大的征收概念与财产权社会义务的概念发生了重合，二者都是不转移所有权而对财产的使用、收益等的限制，有些被认为是应补偿的征收，而有些却被认为是无需补偿的社会义务。这种概念边界的不清晰是法学所不能容忍的，特别是二者的法律后果（有无补偿）差异还如此巨大，因此就有在教义学上建立标准以区分二

---

〔1〕 参见张翔："财产权的社会义务"，载《中国社会科学》2012年第9期。

〔2〕 参见［德］哈特穆特·毛雷尔：《行政法学总论》，高家伟译，法律出版社2000年版，第665页。

者的必要。对于征收和财产权的社会义务究竟应如何区分，有两种学说："特别牺牲理论"和"期待可能性理论"。

特别牺牲理论（Sonderopferstheorie）认为，所谓征收是对特定人在个案中的财产利益的个别侵犯。德国的联邦普通法院特别强调了征收乃是对"平等原则"（Gleichheitssatz）的违反。[1]认为财产权的社会义务所构成的限制，是对所涉及的所有财产的普遍性限制，在这个意义上是平等的。而征收则是针对少数人的财产限制。由于是少数人为了公共利益而做出牺牲，就必须由国家动用公帑对"特别牺牲者"（Sonderopfer）予以补偿。"被征收者在这种关系中变成了一个牺牲者，他被公共利益强加以负担，因此对他的补偿也就必须由社会公众来承担。"[2]"（征收）是以剥夺或者负担的形式对财产的侵害，其以不同于其他人的特别方式影响有关的个人或者人群，强制其为公众承担特别的、与其他人相比不公平的，而且通常是不可预期的牺牲。"[3]"征收是一种对平等原则的违背。正是为了再度获得平衡，征收必然要求相应的均衡补偿，与此相对，对于财产权的一般性的内容限定并不要求补偿。"[4]如果法律只是一般性地规定个人的某种财产在某种情况下应该承担义务，则这种概括性规定，是一律地、普遍地针对所有相关财产的；并没有特定的被侵害人，因此没有必要进行特别的补偿。

期待可能性理论（Zumutbarkeitstheorie）则从国家对财产权的限制程度来区分征收和社会义务，主张征收是对于财产权的

---

〔1〕　Vgl. BGHZ 6，270.

〔2〕　BGHZ 6，270（277f）.

〔3〕　BGHZ 6，270（280）.

〔4〕　BGHZ 6，270（280）.

重大侵害，而社会义务则是对财产权的轻微限制。[1]这种主张被德国联邦行政法院所采纳，认为一个限制究竟应被看作财产权的社会义务还是征收，关键在于其严重程度、效果、重要性以及强度，[2]如果是一种可以预见到的、可以忍受的轻微侵害，在严重性、持续性等方面并没有对财产的本质产生伤害，则只是财产权所应当承担的社会义务。如果是对财产权的严重侵犯，而不能期待财产权人的忍耐，就构成征收而应予以补偿。[3]

特别牺牲理论和期待可能性理论之间并非不可沟通，实际上，二者有互相补充的作用。联邦最高法院在使用特别牺牲理论认定征收时，也使用了"不可预期的牺牲""严重侵害"作为限定词，而联邦行政法院在用期待可能性理论界定征收时，也在考虑"造成特别牺牲"这一后果因素。在个案中究竟以何种理论作为主要的论证框架，很多情况下只是取决于该当个案论证上的方便。[4]在1981年的水沙判决中，德国联邦宪法法院在联邦普通法院和联邦行政法院所确立的标准之上进行了概括与发展。[5]联邦宪法法院认为，构成征收的关键是看是否完全或者部分剥夺了财产具有财产价值的法律地位。如果立法者的行

---

〔1〕 Vgl. Hans Stödter, Über den Enteigungsbegriff, DÖV1953, 136ff.

〔2〕 Vgl. BVerwGE 15, 1.

〔3〕 参见［德］哈特穆特·毛雷尔：《行政法学总论》，高家伟译，法律出版社2000年版，第670~671页。

〔4〕 在美国，也存在征收与警察权（治安权）的区分标准问题，虽然美国并没有特别牺牲、期待可能性等概念，但从美国相关案例的表述来看，其基本思路也与德国的概括基本吻合。参见刘连泰："宪法上征收规范效力的前移——美国法的情形及其启示"，载《法学家》2012年第5期。

〔5〕 Vgl. BverfGE58, 300（331-332）；Vgl. Hans D. Jarass, *Inhalt - und Schrankenbestimmung oder Enteignung? Grundfragen der Struktur der Eigentumsgarantie*, NJW 2000, 2841，（2841）.

为的目的就是去剥夺一种财产价值的法律地位，则无论其强度（是否具有期待可能性）如何、范围如何（是否构成特别牺牲），都构成征收。这意味着，如果立法者的目的是为财产权设定社会义务，则即使其实质上已经违背了平等原则而造成了特别牺牲，或者对财产权的损害已然非常严重而超出了可以期待人们忍受的程度，都不必然导致该限制转化为征收。也就是说，该法律的限制还只是社会义务，被侵害人只能主张该法律违宪，而不能请求征收补偿。[1]

（三）个人所得税作为一种"财产权的社会义务"

无论采上述的哪一个标准，似乎都能比较容易地得出结论：个人所得税构成一种财产权的社会义务。如前所述的观点，所得税是针对个人对其财产所有权的营利的负担，国家通过征税取得的是财产权的孳息，而非财产权本身，取得的是金钱，而非某物的所有权。从而所得税显然不是"征收"，而是财产权的社会义务。

这一结论也与传统上对于税收和征收的区分相契合。税收与征收的区分可以概括为以下几点：（1）征收针对的是财产本体，而税收针对的是财产的收益；（2）征收应予补偿，税收不予补偿；（3）征收是令个别人不平等承受了"特别牺牲"，而税收则是公民普遍承担的平等牺牲。[2]这种区分最初并不与财产权保障直接相关，但在将税收纳入财产权问题后，这种传统区分却也大体上能与财产权的教义学体系相融洽。同时，税收天然具有公益目的，有促进公共福祉的作用，个人所得之获取，

---

〔1〕 参见［德］哈特穆特·毛雷尔：《行政法学总论》，高家伟译，法律出版社 2000 年版，第 673~674 页。

〔2〕 参见葛克昌：《所得税与宪法》，北京大学出版社 2004 年版，第 10 页脚注。

背后有赖国家生产、职业法律制度之存在，利用国家之货币政策、商业政策、景气政策等经济政策，在需求与供给之间取得经济利益。个人所得，乃以国家所确立之商业法律制度为基础，此包括社会大众所创造之市场条件、生产规格、技术与商业关系。凡此种种前提，乃对应于个人所得之社会义务。此种社会义务，借由所得税法予以实现。[1]因此，将所得税视为社会义务的承担，并无不妥。

当然，对于所得税性质的教义学建构，也不排除依然有从征收的法理展开的可能。其逻辑如下：金钱并非只能被视作私人财产上的营利或者孳息，而是可以被视为独立的财产权对象物，从而通过征税取得金钱，也就是对此对象物的所有权的剥夺，从而构成征收。而相应的对征税的合宪性审查的逻辑就是：如果根据比例原则的衡量，实际征收的税额超出了应当征收的税额，则超出部分就构成"无补偿地征收"。而按照前面的分析我们知道，征收必须附带补偿，从而"无补偿地征收"，也就是征税中超收的部分就是不符合宪法规定的。这种观点从逻辑上是成立的，但其论证在技术上的困难显而易见。[2]征税从来都不存在补偿问题，从其无补偿的角度反推而认定其违宪，有违通常的思考方向。更严重的问题在于，如果说超出应纳数额的部分因无补偿而违宪，那么应纳部分同样是征收，其伴随的补偿又是什么？论者或许可以主张，任何纳税人都需要公共服务

---

〔1〕　参见葛克昌：《所得税与宪法》，北京大学出版社 2004 年版，第 12~13 页。

〔2〕　刘连泰教授分析认为，德国和美国宪法中的征收非凡对于征税都只有"弱拘束力"，其根源就在于规范适用和论证的"技术难度太大"。实际上，在笔者看来，如果有对财产权的更为周全的观察，征收规范可能应该被排除用来分析税收问题。德美适用征收规范处理征税的判决，基本都是不成熟的零星个案。参见刘连泰："宪法上征收规范的效力是否及于征税：一个比较法的观察"，载《现代法学》2009 年第 3 期。

和公共产品，而国家的税收正是用来支付这些服务和产品，从而可以将这些公共服务和产品看作是对征收个人金钱的补偿。但这种观点一方面逻辑过于复杂，同时公共服务和公共产品与通常所谓的补偿差别甚大。通常的补偿是非常明确具体的，经常是以给被征收人非常确定的金钱对价的方式来表现，而公共服务和公共产品是缺乏具体指向的，不是针对某个具体被征收人的。这种对补偿概念的扩大难以与既有教义学体系相融贯，难以接受。笔者仍然认为将个人所得税视为财产权社会义务而予以教义学分析更为合适。

三、对个人所得税的合宪性审查

任何对于基本权利的公权力限制，都应该接受合宪性审查，然而，如果将个人所得税视作一种"财产权的社会义务"，却会遇到问题。这是因为，按照传统的见解，社会义务是私人财产出于公共福祉而"应该承担的"，因此国家不必对社会义务进行合宪性论证。[1]然而，这种观点现在却受到批评。因为这种观点会过度限缩财产权的保护范围，如果不能对一种基本权利限制进行审查的话，这项基本权利可能最终落空。[2]在税法领域，如果采这种观点，那就意味着根本不可能从财产权保障的角度对征税进行审查，这在一个宪法国家是难以接受的。那么，从财产权保障出发，对个人所得税进行合宪性审查，应该如何进

---

〔1〕 Vgl. BVerfGE 52, 1（32）. 这里还涉及财产权"有待立法形成"的特质，如果财产权的社会义务被视为是立法者对财产权的内容的设定，那么就不存在对其进行审查的问题。参见张翔："财产权的社会义务"，载《中国社会科学》2012 年第 9 期。

〔2〕 Vgl. Walter Leisner, Eigentum, in Isensee/Kirchhof（HStR），HStR, Bd, VI., 2001，§ 149，Rd. 61.

行？前文中提到，德国联邦宪法法院认为"扼杀性地""过度地""根本地"干预财产权的税收是不合宪的，此究竟为何意，还需要从基本权利一般原理的角度加以贯通的分析。

（一）比例原则与量能课税原则

从宪法的一般原理出发，任何限制基本权利的法律，都要接受比例原则（Verhältnismäßigkeit）的审查。只有合乎比例原则，该法律才能最终被认定为合宪。对于限制基本权利的法律所进行的比例原则的审查，一般包括以下内容：（1）该限制性法律是为了追求正当的目的（legitimer Zweck）；（2）限制的手段必须具有适当性（Geeignetheit），这要求法律所采用的限制性手段，必须能够促成其所追求的目的；（3）限制的手段必须是必要的（Notwendigkeit；Erforderlichkeit），适当的手段可能有多种，必要性原则要求必须选择最温和的手段，也就是给被限制对象的干预最小，带来的负担最少；（4）狭义比例原则（Verhältnismäßigkeit im engeren Sinn），这是指要将立法者设为目标的利益，与基本权利主体所受损害进行衡量，如果后者大于前者，则不应采取此限制措施。[1]

从比例原则出发，对于个人所得税进行合宪性审查，首先要分析的是个人所得税的征收是否出于正当的目的，也就是个人所得税的宪法依据。按照德国学者 Kirchhof 的观点，征收个人所得税的正当性来自于个人所得的市场关联性。个人所得，总体上讲是出自经济交往，是通过参与市场交易而来。个人接受他人雇佣而获得薪金，也是参与劳动力市场出卖劳动所得。而市场虽并非由国家所创设，但其秩序的维护却有赖于国家。个人通过参与市场而获得收入，从中缴纳一部分用来维护秩序，

---

[1]　Vgl. Pieroth, Schlink, *Grundrechte. Staatsrecht* Ⅱ, 25. Aufl, 2009, S. 68 ff.

是非常正当的。因此，征收个人所得税有正当性基础。

征收个人所得税，使得国家具备维护市场之能力，个人所得税有助于促进该当目的的实现，从而也能够通过比例原则中"适当性"的审查。但是，个人所得税的具体数额究竟应限定在何种水平，方能符合"必要性"原则，也就是对纳税人财产只是构成最小的、最温和的限制，则有从税法上进一步分析之必要。在财政学与财税法学上确立的"量能课税"原则与此处的比例原则有密切的关系。量能课税原则是指，国家课税应斟酌考虑公民个别和特殊的情况，依据个人经济上的支付能力而课以负担。量能课税原则当然首先与平等原则相关，意味着为了维护国家安全与社会秩序，公民对于国家的一般性支出，普遍承担负担。在普遍牺牲的意义上，其是平等的。但同时，这种平等又不是齐头式的平均主义，并非要公民承担完全同等的负担，而是依其在经济活动中支付能力的差距而有所差别。量能课税的要旨就是此具体差异基础上的实质平等。但同时，量能课税原则也与比例原则，特别是比例原则中的必要性原则密切相关。其要求所得税税负不能过度损害公民的财产权，而是要在课税后仍能保持财产以供未来的私人使用，借此也保障国家未来尚可课税。换言之，不能搞杀鸡取卵式的或者没收性的课税。

（二）本质内容保障与半数原则

与比例原则和量能课税原则密切相关的另一项对个人所得税的限制是所谓"本质内容保障"，《基本法》第19条第2款规定："任何情况下都不得侵害基本权利的本质内容。"其基本意义在确保基本权利的核心要素不会被"掏空"，也就是说，即使国家公权力可以限制基本权利，但也不能因此而导致该项基本权利彻底丧失。在财税法上，其意义就在于，国家为了维护安

全与秩序，可以向个人征税，但如果因为过度征税而使得私有
财产完全失去意义，则这种课税就因损害到了财产权的本质内
容而不符合宪法制定。

"本质内容"为何？含义非常模糊，难以界定。究竟课税达
到怎样的程度才属于损害了财产权的本质内容呢？对此问题，德
国联邦宪法法院在 1995 年发展出了"半数原则"（半分原则，
Halbteilungsgrundsatz）予以处理。其内容是：财产税加上所得税
等总体捐税负担，不得超过该财产的应有及实际收益的一半。[1]
作出这一判断的依据仍然是《基本法》第 14 条第 2 款规定的
"财产权负有义务。财产权的行使应当同时服务于公共福利"。
联邦宪法法院的逻辑是，既然该款规定私人财产在私人使用之
外，还应"同时"（zugleich）有利于公共福利，对于私人财产
的使用，就大约应各有一半分别在公、私的支配之下。在笔者
看来，这一观点意味着，个人的财产权虽然应负有社会义务，
但此种义务的负担，以私有财产的一半为限。如果课税超出了
这一限度，就属于损害到了财产权的本质内容，从而是不符合
宪法规定的。

尽管为什么"同时"意味着一半，学理上难有有力的证
明，但联邦宪法法院的理论实际上又回到了财产权的本旨，这
也符合本质内容保障的意涵。财产权传统的功能在于保障自
由，保障财产的"私使用性"（Privatnützigkeit）。财产权的基
本功能是"保障个人在财产法领域的自由空间"，也就是保证
个人在经济上自我决定并自我负责，使其可以通过自主意志而
形成其经济生活的基础。如果一个人要承担非常沉重的税负，
那么其财产本身的私属性意义就被根本地减损了，因为这些财

---

[1] Vgl. BVerfGE 93, 121 (138).

产不再具备个人自由支配以实现自己人格发展的物质基础的意义，而是变成了背负沉重公共利益功能的负担。在这种意义上，财产权的"私有"的本质属性就被彻底取消。如果税负达到了这种程度，那么就是对财产权的不当限制，就是不符合宪法规定的。

余论

除了上文初步梳理的从财产权角度对个人所得税的宪法审查外，个人所得税还涉及公民的多项基本权利，例如税收公平涉及依据平等权对个人所得税的审查，免税额（支付个人及家庭成员的生活支出）的扣除涉及宪法上的基本生存保障，此外还涉及工作权等。而在我国，近来引起社会纷争的房地产调控的"国五条"也涉及个人所得税的征收，[1] 从其引发的夫妻离婚以规避纳税的事实看，其与我国《宪法》第 49 条第 1 款规定的"婚姻、家庭、母亲和儿童受国家的保护"有密切关系。按照德国在 1957 年"夫妻共同课税案"中的观点，这种税收政策可能构成"对婚姻的惩罚"，其合宪性需要论证。[2] 此外，作为税法基础的公民纳税义务的原理，也是宪法学的基本问题。现代国家一定是租税国家，税收得到良好法律控制的国家，相

---

〔1〕《国务院办公厅关于继续做好房地产市场调控工作的通知》，国办发〔2013〕17 号，载中央人民政府网站 http://www.gov.cn/zwgk/2013-03/01/content_2342885.htm，最后访问日期：2013 年 4 月 20 日。

〔2〕夫妻共同课税案的基本情况是，按照德国 1952 年的《个人所得税法》，夫妻将合并申报所得税。有夫妻对此提出异议，因为按照新的合并纳税的规定，他们夫妻二人要缴纳的个税，超过了他们分别纳税的总额。也就是说，合并纳税要交得更多。在他们提出宪法诉愿后，宪法法院最终宣布 1952 年《个人所得税法》因为抵触《基本法》第 6 条第 1 款而违宪，个人所得税的制度建构必须考虑到婚姻家庭的制度性保障。BVerfGE 6, 55.

关研究需要宪法学界和财税法学界的合力。宪法学界必须提供审查税收合宪性、控制国家征税权的教义学体系，并随时关照财税法学界的成果，而财税法的研究，也必须以公法的基本原理为基础。笔者不敏，粗陋尝试，以待方家。

国家征税的宪法界限

——以公民的私有财产权为视角

陈　征[1]

内容摘要：宪法赋予国家征税权不等于允许国家以任何名义和强度征税。征税构成对私有财产权的限制，审查其宪法正当性需要将引导税、再分配税和财政性税收区别对待。在对财政性税收的合宪性进行个案审查时，需要解决无法查明纳税人的具体税负最终用于完成哪一项国家任务的问题。私有财产权的作用与基本权利的国家给付义务功能类似，都是满足尊严和实现自由的物质基础，但相对于前者，后者只应起辅助作用。在通常情况下，财产税对私有财产权的限制强度要大于所得税和流转税。

关键词：征税权　私有财产权　比例原则　国家给付　人之尊严

一、问题的提出

当前，税收法律关系早已不再被理解为公民对国家征税权

---

[1]　陈征，中国政法大学法学院教授，博士生导师。

的服从关系，如何限制国家的征税权以及保护纳税人的权利已经成为各国法学界研究的重点问题。近些年，随着我国纳税人的权利意识不断提高，以房产税、遗产税为代表的关于税收问题的各种讨论可谓沸沸扬扬。由于国家的任何征税行为都必须符合宪法，因此从宪法学角度探讨国家征税的界限就显得至关重要。当谈及国家征税的宪法界限时，我们或许首先会想到税收法定原则，但这类原则只能构成国家征税权形式上的界限，仅通过法律保留和议会保留原则并无法有效阻止国家权力的肆意扩张，只有在立法机关同样受到宪法相关条款约束的前提下，纳税人的权利才可能得到根本保障。换言之，税收法定原则只能使所征之税合法化，尚无法使其合宪化。《中华人民共和国宪法》（以下简称《宪法》）第 56 条规定："中华人民共和国公民有依照法律纳税的义务。"其中的"法律"必须是合宪之法。法律本身是否合宪涉及国家征税权的实质界限，这也是本文所要探讨的问题。

如果说宪法中的基本权利具有消极权限规范（negative Kompetenznormen）功能[1]，即基本权利空间就是国家权力的界限，那么宪法中的基本义务就具有积极权限规范功能，即宪法规定公民义务就等于赋予了国家相关权限。我国《宪法》规定公民的依法纳税义务等于赋予了国家征税权，但宪法赋予国家征税权并不意味着这一权力高高在上，甚至可以随意以任何名义和强度征税。宪法在赋予国家征税权的同时，还对其设置了前提条件并限制了其强度，而这些条件和强度必须从基本权利中探寻，因为保障公民的基本权利是宪法实施的最终目的，

---

〔1〕 Vgl. Bodo Pieroth/Bernhard Schlink, Staatsrecht II-Grundrechte, 25 Auflage, Heidelberg 2009, Rn. 73ff.

宪法中关于国家目标、国家权限、基本义务等方面的规定是保障和实现基本权利的手段，通常不可优先于基本权利适用，而只能在基本权利体系的框架内发挥效力。[1] 国家征税行为涉及每一个纳税人的私有财产权。我国《宪法》第 13 条明确保障了私有财产权。如果说税收法定原则体现为对代议机关决定的尊重，即对多数人意愿的尊重，那么私有财产权则能够顾及每一个体的利益，具备构成国家征税界限的可能性。

二、公民私有财产权与纳税义务的一体性与冲突性

通过私有财产权限制国家征税的前提是二者之间具有冲突性。而在事实上，公民的纳税义务与私有财产权之间的关系并非自始至终表现为冲突和矛盾，二者还可能体现出一体性。[2] 国家不仅需要自我约束，不侵犯公民的基本权利，给社会自治留下足够空间，还必须积极保障公民的基本权利不受他人侵害，在此当然也包括对公民私有财产权的保护。而积极保障措施本身就需要一定程度的财政支持，因为国家至少需要创设一种用来协调和规范个人行使自由的制度，并通过公安、司法、国防等机关来贯彻和实施这一制度。较之于国家从事经济活动、私有财产国有化等手段，通过征税获得国家财政必要的收入是一

---

〔1〕 参见陈征："国家从事经济活动的宪法界限——以私营企业家的基本权利为视角"，载《中国法学》2011 年第 1 期。

〔2〕 我国学界的通说认可权利与义务的一体性，这一通说被视为我国宪法学界的理论创新。参见林来梵：《从宪法规范到规范宪法——规范宪法学的一种前言》，法律出版社 2001 年版，第 248 页。我国与西方国家之间有着不同的思想文化基础，如果不考虑国家所扮演的角色，一体性不可能存在于同一主体的权利与义务关系中。可见，思想文化的差异在此仅导致分析视角的不同，权利与义务一体性理论与西方国家相关理论并不存在本质分歧。

种更为尊重公民私有财产权的方式。[1]反之，宪法赋予国家以征税方式分享私有财产收益和市场交换成果的权力也意味着制宪者意在长期保障私有财产权，明确反对将一切财产国有化，毕竟保护了私有财产权就等于保护了税源。[2]在此，纳税义务与私有财产权互为前提条件和必然结果。

　　然而显而易见的是，公民纳税义务与私有财产权的一体性更多体现在自由国当中。[3]在早期的国家理论中，自由国理念被普遍认同。自由国中的个人作为独立自主的社会成员不受国家支配，社会自身能够实现其经济和文化利益，国家只需军队、警察和司法防御来自外部和内部的针对公民的威胁。虽然在自由国中，国家征税权与公民私有财产权之间并非不存在任何冲突，但由于征税强度较低，冲突处于最低点，为了维护私人利益和自由秩序，公民通常不会阻止国家征税[4]，纳税行为在一定程度上具有自愿性。而在今天，纯粹的自由国假设早已不符合现实，公民自由的实现还需要具备一些自身无法创造的社会条件。法治国不仅要作为自由国维护自由的社会秩序，在必要时还应作为社会国为社会个体特别是弱势群体创造实现自由的条件。国家存在的目的不再局限于保护公民的人身和财产，还

---

　　〔1〕　关于国家从事经济活动对私营企业家职业自由权和私有财产权的限制，参见陈征："国家从事经济活动的宪法界限——以私营企业家的基本权利为视角"，载《中国法学》2011年第1期。国家若通过贷款方式满足财政需求，则会涉及未来纳税人的利益。由于无论是涉及的群体还是对其私有财产权的限制强度均无法确定，因此存在权利保护真空，这就要求国家通过贷款履行公共任务只能是例外情况。

　　〔2〕　征税是将私人资产转化为国有资产的活动，我国国有企业纳税这类实际上并未发生产权变化的行为不构成真正意义上的纳税行为。

　　〔3〕　Vgl. Hans Herbert von Arnim, Besteuerung und Eigentum, VVDStRL 39（1981），S. 337f.

　　〔4〕　Vgl. Hans Herbert von Arnim, Besteuerung und Eigentum, VVDStRL 39（1981），S. 337f.

要承担经济调控、再分配等多项功能，国家权力的扩张性日益显著，具有尽可能多地获得财政收入的冲动和欲望。虽然我们总习惯认为国家的财政收入（应）"取之于民用之于民"，但国家为了履行相关财政税收职能，必须设立相应机构并为此支付行政开支，在向公民提供给付时通常也需要设立专门的机构，因此取之于民的数量总要多于用之于民的数量。对于一个发达的法治国家尚且如此，在一个正处于向法治国家转变过程中的国家，这一现象会更加明显。由于在税收问题上并不适用市场经济中的等价交换原则，因此随着社会国征税强度的不断加大，纳税人的纳税自愿性逐渐减弱，[1]公民纳税义务与私有财产权关系的重心开始从一体性向冲突性倾斜。

实际上，社会国理念在根源上受到了社会主义思潮的影响[2]，其主要目的是追求社会稳定和社会公正，从而确保每一个体均可以分享社会发展的成果。我国《宪法》第 1 条第 2 款第 1 句规定："社会主义制度是中华人民共和国的根本制度"，第 15 条又确立了社会主义市场经济制度并赋予了国家进行宏观调控的权力。依据上述规定，虽然我国的经济以市场为导向，但与资本主义市场经济不同，国家必须对市场进行必要的干预并纠正市场分配的不足，进而为弱势群体实现自由创造条件。这就导致公民的纳税义务与私有财产权之间的冲突体现得较为明显。因此，在肯定征税行为具有必要性的前提下，在我国探讨如何通过宪法私有财产权来限制征税的范围和强度具有非常重要的意义。既然在当前社会中公民纳税的自愿性不断减弱，那么征税行为必然构成对私有财产权的限制，而国家对基本权利的任

---

〔1〕　Vgl. Hans Herbert von Arnim, Besteuerung und Eigentum, VVDStRL 39（1981），S. 337f.

〔2〕　参见张翔："财产权的社会义务"，载《中国社会科学》2012 年第 9 期。

何限制行为均须具备宪法正当性，否则即构成对该项基本权利的侵害（详见下文）。从某种意义上讲，通过私有财产权来限制国家征税权等同于适用私有财产权对国家征税行为进行宪法正当性审查。

三、根据征税目的和征税对象对税收进行分类

虽然国家行为的目的对于认定是否构成对基本权利的限制并无影响，但在审查限制基本权利的宪法正当性时，限制行为的目的却是必须考虑的因素，因为正当性审查主要就是审查目的的正当性以及目的与手段之间是否成比例（详见下文）。而在征税的问题上，审查目的与手段之间的关系尤为复杂，其中一个重要原因就是征税目的的复杂性和多样性。除此之外，在审查所采用手段的强度时，不同征税对象对于私有财产权的限制强度也会产生影响。这就意味着各类税收不可能存在统一的宪法界限。因此，下文首先需要以征税目的和征税对象为标准对税收进行分类，之后再分别针对不同类型的税收进行探讨。

（一）根据征税目的分类

从财政支出的目的角度讲，税收通常可分为财政性税收与非财政性税收。[1]财政性税收通常指以获得财政收入为首要目的的税收。而非财政性税收的首要目标主要有两个：一是引导公民出于经济利益等方面的考虑以某种方式做出或不做出某一行为，从而协助国家实现经济和社会政策等方面的公共目标，这类税收我们称之为"引导税"；另一个目标是将那些通过市场

---

〔1〕 针对征税目的将税收进行划分并不意味着某一特定税种专门用于完成某一特定国家任务。若不考虑少量"目的税"，原则上特定税种的税收并不与具体国家任务挂钩，全部税收统一用于完成全部国家任务（见下文）。

过程和现存占有关系确定的财产分配进行纠正，这类税收我们称之为"再分配税"。[1]

引导税的例子很多，比如国家以征收生态税的形式促使一些高污染企业不断减少对环境的破坏，在此企业会在承受更重税负与改造或更新技术设备之间进行理智权衡，分析哪种选择在经济上更为划算；此外，国家还可以引导纳税人保护自身利益，比如征收烟草税的一个重要目的就是限制公民吸烟，保护公民自身的健康。但这并不意味着引导税完全不以获得财政收入为目的，只是与引导公民行为相比，财政创收成为次要目的。如果公民按照立法者的导向行为，那么税收必然会减少。可见，引导税的首要目的实现程度与次要目的实现程度成反比。[2]

再分配是现代社会国的常用手段，比如设立遗产税和赠予税的首要目的就是调节社会贫富差距，避免财富积累。当然，再分配税同样可以实现增加财政收入的目的。

（二）根据征税对象分类

根据征税对象的不同，税收主要分为财产税、所得税和流转税。财产税是抛开财产的流通或交易过程而着眼于稳定财产

---

〔1〕 Vgl. Hans Herbert von Arnim, Besteuerung und Eigentum, VVDStRL 39（1981），S. 339f. 类似的税收分类方法还可参见吕忠梅、陈虹：《经济法原论》，法律出版社2008年版，第509页。

〔2〕 在引导税构成对私有财产权的限制问题上会遇到一个特殊问题。举例来讲，上面提到的生态税可能构成对私有财产权的限制，但还可能构成对企业家职业自由权的限制，因为一般来讲，改为使用更为环保的技术设备不仅无法促进私营企业增加经营成果，反而可能会增加企业成本，而使用何种设备和技术完全属于私营企业家职业自由范畴。但引导税最终只可能对私有财产权或其他自由权二者之一构成限制，不可能产生基本权利的竞合，因为基本权利主体如果最终选择接受引导的目的行为，则不必承受税负并容忍私有财产权遭受限制，而若最终选择承受税负，则可以拒绝引导的目的行为，充分行使个人相应的自由。

本身设计的税种，在征收财产税时，国家仅考虑纳税人所拥有或支配的财产，[1]而不考虑纳税人的其他具体情况。所得税是针对纳税人在一定期限内的纯收益而征收的税，包括公司所得税和个人所得税。[2]在此，纯收益指资产净增长，即资产毛增长减去相关资产消耗和损失，因为只有那些真正归纳税人自己支配的收入才体现其给付能力。流转税则是针对商品或服务在流通过程中形成的流转额而征收的税。[3]

需要注意的是，目的分类与对象分类两种方法源于不同的视角，两种分类结果经常构成类别上的重合。举例来讲，在我国一般认为遗产税和赠与税属于财产税范畴，但依照目的划分，其同时又属于再分配税；消费税属于流转税，但我国当前相当一部分消费税又应当被归入引导税范畴；而其他大部分流转税虽然也起着调节生产和消费的作用，甚至针对不同商品和服务制定不同的税率还可以起到再分配作用，但其主要目的仍然是增加财政收入，因此应当被归入财政性税收范畴；至于所得税是否属于财政性税收目前仍存在较大争议，笔者认为，征收所

---

〔1〕 Vgl. Hans Herbert von Arnim, Besteuerung und Eigentum, VVDStRL 39 (1981), S. 339f；参见吕忠梅、陈虹书：《经济法原论》，法律出版社 2008 年版，第 508 页；参见刘剑文、熊伟：《财政税收法》，法律出版社 2009 年版，第 313 页。狭义的财产税一般仅指财产保有税，广义的财产税还包括财产转让税和财产收益税。Vgl. Hans Herbert von Arnim, Besteuerung und Eigentum, VVDStRL 39 (1981), S. 339f. 由于财产转让税和财产收益税在很多情况下呈现出与流转税和所得税相似的特征，不便于区分讨论，因此下文所指的财产税主要是狭义财产税，仅在必要时对遗产税和赠与税这两种财产无偿转让税进行分析。

〔2〕 Vgl. Hans Herbert von Arnim, Besteuerung und Eigentum, VVDStRL 39 (1981), S. 339f，参见吕忠梅、陈虹书：《经济法原论》，法律出版社 2008 年版，第 508 页；参见刘剑文、熊伟：《财政税收法》，法律出版社 2009 年版，第 259 页。

〔3〕 Vgl. Hans Herbert von Arnim, Besteuerung und Eigentum, VVDStRL 39 (1981), S. 339f，参见吕忠梅、陈虹书：《经济法原论》，法律出版社 2008 年版，第 508 页；参见刘剑文、熊伟：《财政税收法》，法律出版社 2009 年版，第 206 页。

得税本身的主要目的不是再分配，而是获得财政收入，发挥再分配作用的主要是所得税的累进税制[1]，因此下文将所得税归入财政性税收进行讨论；与此类似，虽然国家在现实中通常仅针对那些价额较高的财产征收财产税，但财产税的征税对象并非一成不变，会随着社会发展不断变化，财产税理论上包括针对任何稳定财产所征之税，因此大部分理论上可能存在的财产税应被归入财政性税收当中，本文仅将首要发挥再分配功能的财产税，尤其是具有较大特殊性的遗产税和赠与税，放入再分配税部分进行讨论。

四、针对不同类别税收的宪法正当性分析

人不仅是独立的个体，同时也是整个社会中的成员，而社会成员之间的利益必然会产生冲突，国家存在的一个重要目的就是平衡社会上这些相互冲突的利益。而在平衡这些利益时，国家必然会限制个体的基本权利，因此基本权利不是绝对的，并非不受任何限制。与此相应，我国《宪法》第 51 条规定："中华人民共和国公民在行使自由和权利的时候，不得损害国家的、社会的、集体的利益和其他公民的合法的自由和权利。"这意味着国家有必要在个案中进行利益权衡，为了维护其他宪法价值可以限制公民的基本权利。从体系上观察，第 51 条的位置处于基本权利条款和基本义务条款两部分之间，虽然采用了义务本位式的表述，但处于《宪法》第二章的开头的"尊重和保障人权"条款确立了"国家为了人而存在，不是人为了国家而

---

[1] 本文并不讨论累进税制的问题，因为累进税制更多涉及平等权，而从自由权视角探索国家征税的宪法界限只涉及国家与公民二者之间的关系，只要审查国家给某一具体纳税人施加的税负是否符合宪法即可。

存在"的基本思想，对于本章其他条款具有价值辐射功能。照此，宪法虽然并非绝对禁止国家限制公民的基本权利，但却禁止国家不正当的限制基本权利，换言之，国家限制公民的基本权利必须要具备宪法正当性。

具体而言，首先根据《宪法》第51条，国家限制公民基本权利必须以实现公共利益或保护他人利益为前提。而实际上，实现公共利益的最终目的也是实现个人利益。此外，虽然每一个体都要受到整个社会的制约，但人本身即是目的，而不是手段或工具，人绝对不得成为国家的客体，国家必须尊重人之尊严。[1]国家行为即使以实现公共利益或保护他人利益为目的，也不得随意限制公民的基本权利，在实现目标的过程中必须注意手段的选择以及手段与目的之间的关联，即必须符合比例原则。比例原则已经成为当今世界上很多国家认可并普遍适用的一项宪法和行政法原则，在我国亦不例外。比例原则包含三项子原则：适合性原则、必要性原则和狭义比例原则。适合性原则要求所采取的手段必须有助于实现所追求的目标；必要性原则要求当存在若干同样能够达到目标的手段可供选择时，国家应选择对公民基本权利限制强度最小的手段；而狭义比例原则要求即使国家选择了符合适合性和必要性原则的手段，该手段也不得过度限制公民的基本权利，即所采取的手段与所追求的目标之间必须成比例。显而易见，比例原则不仅是法治国家的重要原则，而且还蕴含了现代人权理念，充分体现了对人之尊严的尊重和保障，要求国家在追求正当目标的过程中尽可能尊重公民的基

---

[1] 人的尊严在我国的宪法依据是"人权条款"和具体基本权利规范体系，人的尊严是人权存在的基础，是各项基本权利的正当性基础，是我国宪法中的不成文规范。参见李海平："宪法上人的尊严的规范分析"，载《当代法学》2011年第6期。

本权利。可见，在具有目的性和脆弱性的公民权利与具有手段性和扩张性的国家权力之间，比例原则起到了一种平衡作用〔1〕，其在我国的宪法依据就是《宪法》第 33 条第 3 款和第 51 条。

综上所述，任何由国家实施的限制基本权利的行为均须具备正当目的并符合比例原则，否则即违反宪法。由于国家征税行为构成对公民私有财产权的限制，因此下文将针对国家征税行为的宪法正当性展开分析，而上文对税收作出的分类将作为分析的基础。〔2〕

（一）国家征税行为必须追求被宪法认可的目标

国家权力行使的目的是满足公民的需要，征税亦不例外，其最终目的应是尊重、保障和促进公民基本权利的实现。

再分配税主要以纠正市场分配结果和缩小贫富差距为目标，这一目标在宪法上具有正当性。审查引导税的目标是否被宪法认可也并不复杂。但审查财政性税收是否为了实现某一正当目标却会遇到困难。财政性税收的直接目的就是国库增收，如果我们仅将目标局限于这一最直接的目的，那么审查将会非常困难，因为增加财政收入的正当性取决于国家最终所要完成的任务的正当性。但如果我们审查国家财政任务的正当性，问题会变得更为棘手。正当性审查往往涉及对某一个体基本权利的限制与这一限制所要实现的目标之间的关联，而在通常情况下我们却无法查明某一纳税人所纳之税甚至其承担的某一具体税负用于实现哪一项国家任务。与某一具体财产直接服务于某一公

---

〔1〕 参见陈征："国家从事经济活动的宪法界限——以私营企业家的基本权利为视角"，载《中国法学》2011 年第 1 期。

〔2〕 当然，保障纳税人的私有财产权不得导致纳税人可以左右国家财政任务，使代议机关成为宪法执行机关。但这意味着我们只需要在审查强度上做文章，而非审查标准。在对税法进行合宪性审查时，一般应采用中等强度的审查方式。

共需求不同，金钱是抽象的，能够被替代和互换，全部税收均先纳入国库，之后统一用于完成全部国家任务，原则上不得要求某一纳税人所纳之税专门用于完成某一特定国家任务，主要目的是保持纳税人与国家任务之间的距离，公民对国家任务的影响力不得取决于其纳税多少，在此尤其竭力要避免在纳税人与未来国家给付相对人之间建立关联，毕竟纳税与国家给付之间的关系不同于市场交易，国家给付具有中立性，并不受纳税人纳税额度的影响。[1] 正是因为某一具体纳税人所承受的税负与国家所要完成的任务之间脱钩，国家财政支出较少遇到来自纳税人的阻力。[2]

但这一困难不得导致征税的正当性无从审查。从实际角度考虑，国家的任何一笔财政支出都关系到每一个纳税人的切身利益，至少全部税收总额与全部国家任务之间具有直接经济关联，二者通常成正比，国家财政任务的增加必然导致税收的增加。因此，在审查国家所追求目标是否具有宪法正当性时，可以将国家全部财政任务综合考虑，逐一审查每一项任务是否被宪法认可。

（二）国家征税行为必须符合适合性原则

比例原则中的适合性原则要求国家的征税行为必须有助于实现所追求的目标。在此，财政性税收通常不存在问题，必然有助于实现目标。而在引导税和再分配税问题上，需要在具体情况下审查是否确实有助于实现引导和再分配的目的。

---

〔1〕 Vgl. Josef Isensee, Steuerstaat und Staatsform, in: R. Stödter/W. Thieme（Hrsg.），Beiträge zum deutschen und europäischen Verfassungs, Verwaltungs und Wirtschaftsrecht, Festschrift für Hans Peter Ipsen zum siebzigsten Geburtstag, Tuebingen 1977, S. 423; Paul Kirchhof, Besteuerung und Eigentum, VVDStRL 39（1981），S. 250.

〔2〕 Vgl. Hans Herbert von Arnim, Besteuerung und Eigentum, VVDStRL 39（1981），S. 314.

（三）国家征税行为必须符合必要性原则

如果存在比所实施的征税行为对基本权利限制强度更小且同样能够实现目标的手段，那么国家的征税行为就不具备必要性。在缓解国家征税权与公民私有财产权之间的冲突时，国家首先必须尽可能减少不必要的任务，并非全部具备宪法正当性的任务都必须由国家亲自来完成，在一些情况下，私人可以同样甚至更出色地完成公共任务。[1] 国家任务的增多至少存在两个明显弊端：第一，每一次国家权限的扩张都会增加行政（有时还有立法和司法）成本，即增加纳税人的负担；第二，国家做的事情越多，权力越庞大，滥用权力的可能就越大，监督成本可能就越高，监督效果可能也就越差。因此，国家不仅需要在每一次接受新任务时对其必要性进行审查，还需要经常审查那些之前已经通过立法确立的任务是否在当前仍然具有必要性。

在讨论财政性税收的必要性时，虽然需要从整体上考虑国家任务，但这并不意味着只要全部财政收入和全部财政支出等量，国家征税就具有必要性，否则将导致针对财政性税收的必要性审查失去意义。在此，我国《宪法》第 27 条的效率原则应该作为征税与国家任务之间的桥梁发挥作用。效率原则要求投入与产出比例的最小化，由于在进行必要性审查时，目标即产出已经确定，因此效率原则主要要求尽可能减少投入。即使任务必须由国家亲自来完成，也应当在保证任务完成质量的同时尽量缩减财政支出。比如在完全可以通过压缩行政开支完成任务的情况下，国家增加税收就不符合必要性原则。效率原则限

---

〔1〕 公共任务可以被分为六个等级，公共任务的不同等级决定了国家参与强度的不同。参见陈征："公共任务与国家任务"，载《学术交流》2010 年第 4 期。

制了财政支出就等于限制了征税，可见效率原则与征税关系密切。国家从本质上讲只是税收的受托人，既然征税是为了履行公共任务，那么国家就必须能够向委托人即纳税人证明亲自完成这些任务是必要的且在完成这些任务过程中尽可能做到了投入与产出比例的最小化，这是私有财产权的内在要求。由于审计机关的主要任务是以真实性和合法性为标准审查预算的编制和执行是否遵守了效率原则，因此其审查结果可以在一定程度上作为必要性原则的审查依据。

在将税收用于国家给付等福利措施时，应当持谨慎态度。[1]由于私有财产权的目的主要是从物质上保证个人尊严和自由的实现，因此其作用与基本权利的国家给付义务功能类似。但基本权利首先保障了个体的相对独立性，而不是对国家或他人的依赖性，私有财产权确保了公民个体能够在不受公权力影响的情况下自主规划私人生活的权利，其目的首先是满足财产所有者的私益，而不是实现公益（包括他人私益）。我们可以这样认为，若全部社会个体都能够在市场中获得实现自由的必要物质基础，那么基本权利的国家给付义务功能将会在很大程度上失去意义，因为国家给付只有在私有财产权无法满足财产所有者实现基本权利的情况下才可能存在。反过来也可以说，若公民可以且可能普遍享有给付请求权，那么宪法则没有必要保障公民的私有财产权。[2]与国家尊重和保障私有财产权相比，国家给付义务只起辅助作用，否则个人在多数情况下将不再期望通过自身努力从市场中获得更多收入，而首先是想尽办法通过研

---

〔1〕 在我国，很多学者将提高民生支出在整个财政支出结构中所占比例的行为称为"民生财政"。参见陈治："论我国构建民生财政的法制保障"，载《当代法学》2011年第4期。

〔2〕 但这并不否认公民依法获得的给付属于私有财产权的保护范围。

究国家给付的相关法律条文从国库中获得尽可能多的福利。较之于在市场中追求财富，个人从国库中追求福利可能会显得更加"贪婪"，因为前者以等价交换为基础，而后者则通常只需较少的付出（比如审查自己是否满足特定法律的前提条件）即可获得较大"收获"。当公民都争先恐后地从国库中获得收入时，国家为了填补庞大的财政支出，又会在无须提供对等给付的情况下向纳税人索要更多金钱，这可能会造成财政税收上的恶性循环。当个人基于主观能力或客观条件的限制无法通过自身努力获得实现尊严和自由的物质基础时，国家应首先协助其（重新）获得相应能力和条件，实现或恢复独立自主的状态，比如我国《宪法》第 42 条第 2 款就明确规定了国家通过各种途径创造劳动就业条件，第 4 款又规定了国家对就业前的公民进行必要的劳动就业训练。因此，给付只针对那些通过国家协助都不可能加入市场分配程序的群体（比如部分老人、病人、残障人、客观未获得相应职业培训机会的人）（参见我国《宪法》第 45 条）。国家成为第一责任人应当是例外情况，不可成为通例。国家给付义务的过度膨胀会扼杀公民的自主创造性和劳动积极性，宪法确立的私有财产制度和市场经济制度会受到严重威胁，社会的可持续发展将遇到极大阻碍。宪法保障私有财产权的目的至少应是在一定程度上维护一个能够实现私益、发挥私人创造力的自由社会，任何社会国都必须以自由国中的私人自治、私有财产权等基本自由权为基础，而无限膨胀的社会国会对自由国构成威胁。

在再分配税问题上，国家首先必须对（健康）市场的分配结果和当前财产占有关系给予必要的尊重。如果社会上的贫富差距过大现象恰是由于国家不正当干预市场或不尊重公民私有财产权造成的，那么国家首先必须通过尊重市场和当前财产占有关系缩小贫富差异，此后再审查是否还有必要以征收再分配税的方式进行干预。

较之于强制性行为（要求或禁止），引导税对基本权利的限制强度原则上要小一些，因为财产所有者毕竟有着选择空间，或者放弃自己在理智情况下的行为，或者忍受个人资产的损失。但当引导税负担极大时，财产所有者可能实际上只有一种选择，即遵循国家导向以特定方式作为或不作为，这时对自由的限制强度几乎等同于强制。如果存在更为温和的手段能够使国家达到公共目的，那么这一引导税就缺乏必要性。此外，如果能够通过税收优惠实现公共目标，那么以加大税收的方式进行干预就不必要。

（四）国家征税行为必须符合狭义比例原则

依照狭义比例原则，国家所追求的公共利益与其所损害的个体利益必须成比例，不能显失均衡。

1. 对非财政性税收的成比例性审查

对引导税和再分配税的审查相对容易，因为引导税和再分配税的首要目的与征税手段之间可以建立直接关联。但在再分配税问题上，有两点需要说明：

第一，国家即使有干预的必要，也只是对市场分配结果进行必要纠正，不得颠覆市场分配制度，更不得搞平均主义，将市场收入差距彻底消除，这不仅不符合狭义比例原则，而且违背了社会福利制度的初衷和社会主义的本质。

第二，在衡量以再分配为主要目的的遗产税和赠与税对纳税人私有财产权的限制强度时，有学者可能会认为，无偿转让的财产不仅在多数情况下不属于满足"人之尊严"所必需的物质基础，而且转让行为还违背了市场规律，不具备社会公正性，因此其受到私有财产权的保护强度通常不大。不能否认，与通过劳动以及其他形式的等价交换获得财产不同，通过继承和赠与行为获得财产者通常无需太多付出，尤其是大笔资产的无偿转让的确不太符合公平原则。但笔者认为至少遗产税对私有财产权的限制强度还是很大的，至于赠与税也不可一概而论。在遗产税问题上，首先，继承权受到我国《宪法》第13条第2款的明确保障，因此宪法对继承的保护强度原则上要大于对赠与的保护强度。其次，如果说私有财产权涉及人和财产二者之间的关系，那么继承权则在很多情况下涉及人、家庭和财产三者之间的关系，而世界上绝大部分国家的宪法都十分重视对家庭的保护，因为家庭作为社会单位在一定程度上可以起到防止和抗衡国家专制的作用，因此继承过程蕴含了诸多社会、政治、经济和文化功能与元素。在赠与税问题上，一般来讲，赠与人与受赠人之间关系越近，私有财产权对赠与过程的保护强度就越大，关系越近，二者之间私益一般就越趋同。当然，即使赠与人与受赠人关系十分疏远，赠与税也绝对不得导致受赠人在财产转让后的经济自由空间未得到任何扩大。此外，国家征税的最终目的是实现公共利益，而如果赠与行为本身就有助于实现公共利益，那么国家征税的空间就会缩小，财产所有者应享有更多选择实现哪一具体公共利益的自由。

2. 对财政性税收的成比例性审查

审查财政性税收是否符合狭义比例原则极为复杂，因为通常无法查明某一纳税人的某一项具体税负或其总税负最终为实现哪些公共利益服务，即无法将二者进行权衡。笔者认为，由于在审查宪法正当目标和必要性时已经对国家任务进行了较大强度的审查，因此在适用狭义比例原则时，应当主要审查征税是否构成对私有财产权的过度限制[1]，即分析如何衡量征税对私有财产权的限制强度[2]。

在财产税[3]的问题上，相对于财产的获得、经营和转让，针对稳定财产征税对纳税人私有财产权的限制强度更大，因为与稳定财产相比，财产的获得、经营和转让通常较为具备开放性，在多数情况下依赖于国家对市场和法治秩序的保障，在财产流入法律交往后，归属关系必然不如过去牢固，这等于为征税打开了较多的空间。[4]如果纳税人在获得财产时已经承受了税负，那么针对该财产征收财产税就更应当慎重。

即使都是针对稳定财产征税，对私有财产权的限制强度也不可能完全相同。除了税率等因素，还必须考虑征税对象本身的特征和情况。虽然在征收财产税时，纳税人针对其稳定财产的相关权利未必受到限制，但纳税人却因拥有此财产而承受税负，导致其资产数额的减少和经济自由的缩小。因此，征税对象本身的特征和情况对衡量财产税对私有财产权的限制强度有着一定程度的影响，主要存在下列几条衡量方法：

（1）征税对象的来源对衡量财产税对私有财产权的限制强度存在影响；征税对象越难获得，征税对纳税人私有财产权的

---

〔1〕 若财产税、所得税和流转税过高，导致纳税人无法承受，则征税会转化为对拥有财产、劳动、投资、消费等自由权的限制。

〔2〕 有德国学者建议狭义比例原则应要求最不紧要的财政任务与最重的税负之间不得显失均衡。Vgl. Hans Herbert von Arnim, Besteuerung und Eigentum, VVDStRL 39 (1981), S. 359. 这等于要求每一项国家任务都必须与最重税负之间成比例。

〔3〕 主要承担再分配功能的那部分财产税适用于上文针对再分配税的讨论，但除了具有较大特殊性的遗产税和赠与税，此处的讨论在很大程度上也适用于衡量首要发挥再分配作用的财产税对私有财产权的限制强度。

〔4〕 Vgl. Paul Kirchhof, Die Steuer als Ausdruck der Staatsverfassung, in: E. Franßen (Hrsg.), Bürger-Richter-Staat, Festschrift für Horst Sendler, Präsident des Bundesverwaltungsgerichts, zum Abschied aus seinem Amt, Muenchen 1991, S. 72.

限制强度越大；

（2）征税对象的用途对衡量财产税对私有财产权的限制强度存在影响；由于私有财产权保障财产之私益，因此征税对象与纳税人的关系越紧密，越多用于确保纳税人的经济独立和个性与自由的施展，征税对纳税人私有财产权的限制强度就越大；[1]针对那些用于满足个人基本生存所需的财产（比如房屋、日用品等生活必需品）征税必须格外慎重；此外，针对那些寄托个人情感的财产（比如结婚戒指）征税要比针对那些完全用于实现经济利益的财产（比如用于营利的戒指）征税受到更多的限制；

（3）纳税人与征税对象之间建立关系的时间越长，征税对纳税人私有财产权的限制强度就越大；

（4）征税对象的珍稀程度对衡量财产税对私有财产权的限制强度存在影响，比如针对古董征税时，对纳税人私有财产权的限制强度就要大于针对一般商品征税；[2]

（5）征税对象越不具备收益能力，或者越不应指望纳税人针对其从事经营活动，财产税对纳税人私有财产权的限制强度就越大；当征税对象完全不具备收益能力[3]或根本不应指望针对其从事经营活动时，财产税会对征税对象本身产生"绞杀"效果；即使征税对象具备收益能力且所有者确实利用其从事了营利活动，在一般情况下，国家也仅针对财产经营成果征税，对能够用于经营的财产本身予以保护，这不仅可以保障财产的私人用益，而且还保护了国家未来的税收来源；如果纳税人拥

---

〔1〕 Vgl. BVerfGE 50, 290（340f.）；53, 257（292）；100, 226（241）.

〔2〕 前四点在很大程度上受到易继明、周琼撰写的"论具有人格利益的财产"一文的启发，该文主要分析的是财产中的人格利益问题。参见易继明、周琼："论具有人格利益的财产"，载《法学研究》2008年第1期。

〔3〕 Vgl. BVerfGE 93, 149,（152 ff.）.

有某一具有收益能力的财产且完全可以指望其针对该财产从事经营活动，而其却放弃从事相关活动，那么国家对其提供给付当然不具备必要性，但这并不意味着国家针对该财产征税不受宪法限制，毕竟私有财产权还保障了财产所有者不利用其财产从事营利活动的自由；

（6）纳税人过去因该财产承受税负的次数越多，财产税对纳税人私有财产权的限制强度就越大。

在所得税的问题上，由于公民获得收益在多数情况下依赖于国家对市场和法治秩序的保障，因此宪法留给国家征收所得税的空间要大于征收财产税的空间，但征收所得税仍然要受到私有财产权的限制。

绝大多数的个人或企业所得都经过了市场中的等价交换（包括金钱、财产、劳动之间的交换）和公正分配。只有给纳税人留下合理的税后收益，纳税人才可能认为自己的付出是值得的，才可能有继续付出的动力，这是使私有财产制度可持续为国民经济和公共利益服务的唯一途径。因此，国家不仅不得威胁税源，还应当对私有财产权的私益进行必要保护。如果税收高于实际收益，那么对于个人而言，资产数额可能会不断减少，对于企业而言，很可能会因纳税逐步走向破产，此时国家不仅无法再从企业那里获得税收，可能还需要对企业的失业人员提供给付，这会极大加重国家的财政负担，长此以往甚至可能会导致国家机器无法再正常运转。即使税收等同于实际收益，也必然会导致劳动或投资行为失去意义，同样违背狭义比例原则。对于市场中的企业而言，一个国家或地区的税负是决定其选址的重要因素，减轻企业的税负在很多情况下可以扩大税源，繁荣经济甚至最终增加税收。私营企业所有者一般不应同时承受企业所得税和个人所得税双重税负。

针对不同来源的所得征税对私有财产权的限制强度也不尽相同。除了概率极小的中奖所得以及上文已经讨论的捐赠所得等偶然性所得，有学者将各种所得的最终来源划分为三种：劳动力报酬所得、资本所得和劳动力与资本结合起来的所得。[1]一般认为，所得来源的不同通常意味着担税力的差异，越多依靠资本的所得，其担税力越大，越多依靠劳动的所得，其担税力越小，所得税法一般采取资产所得重课税而勤劳所得轻课税的立场。[2]

此外笔者认为，即使都是针对资本所得征税，对私有财产权的限制强度也存在差异，针对不可重复性收入征税对私有财产权的限制强度一般要大于针对可重复性收入征税。比如，财产转让通常是所有者最后一次利用私有财产，不具备可重复性，因此对财产转让所得征税要比针对财产租赁所得征税受到更多限制。

除了通过市场等价交换获得的收益，还有通过法律规定的国家给付获得的收益。由于国家给付通常具有救助性质，在很多情况下是满足那些不具备劳动能力和条件的公民的基本生活所需，因此原则上不得对这类收入征税，更何况国家在提供给付后再对其征税本质上是一种浪费。

在流转税[3]的问题上，与获得收益类似，市场中的商品

---

[1]　参见徐蓉：《所得税征税客体研究》，法律出版社 2010 年版，第 109 页。

[2]　参见徐蓉：《所得税征税客体研究》，法律出版社 2010 年版，第 110 页。一个人往往有着固定的劳动年限，而投资却不受年龄的限制。还可参见陈丹：《论税收正义——基于宪法学角度的省察》，法律出版社 2010 年版，第 96 页。但为了促进经济发展和解决失业问题，当前一些西方国家开始逐步放弃这一立场，甚至出现对投资所得的征税力度比劳动所得还要小的现象。

[3]　由于我国当前相当一部分消费税属于引导税，因此此处只讨论非引导性流转税，但此处的讨论在一定程度上也适用于衡量消费税对私有财产权或相应自由权的限制强度。

流通以及商品和非商品的交易一般同样依赖于社会共同体的法治秩序，因此征收流转税也要比征收财产税对私有财产权的限制强度小。

流转税一般可以转嫁他人，通常由最终消费者在获得某一产品或服务时承担。流转税的额度不得过度影响最终消费者的消费决定，否则流转税会构成对企业经营自由和消费者消费自由的限制，并阻碍正常的商品流通和市场交易。由于购买生活必需品（比如生存所需的食品、药品等）往往并非消费者自由选择的结果，因此国家对这类商品的流转额征税格外受到宪法限制。与此相反，针对奢侈品流转额征税的空间就要宽松很多。当流转税在例外情况下无法转嫁给消费者时，企业等于被迫向国家转让部分盈利，由于企业通常还需要承担企业所得税，此时征收流转税对企业私有财产权的限制强度加大。

3. 对各类税收的整体考量

如果税种和税目极为繁多，即使每一税种和税目都具备宪法正当性，累加后仍然可能侵害纳税人的私有财产权，毕竟征税对私有财产权的限制更多体现在全部税收的总负担上，每一税种上限的总和并不等于全部税负的上限。因此，我们需要在单项考量的基础上结合整体考量方法来审查征税的宪法正当性。[1]整体考量主要审查特定纳税人的全部税负是否过度限制了其私

---

〔1〕 当然我们也不得忽视上文单项考量的重要性。虽然纳税人最关心的是其承受的全部税负，但如果仅审查总税负是否正当，立法者的裁量空间会大范围扩展，私有财产权的保障效力在某种意义上将极大减弱。税法通常确定了一个个具体的征税对象，征税对象和过程的多样性意味着立法者要考虑到纳税人实际承受的每一单项税负的正当性。如果某一单项税负超越了宪法界限，即使其他各项税负很轻，整体税负十分合理，也无法改变单项税负违宪的事实。

有财产权。[1] 在进行整体考量时，笔者认为引导税和再分配税也应纳入考量范围。既然私有财产权的宪法作用和意义不是保护财产本身，而是保障财产所有者自由和人格的施展，那么在对私有财产权的限制强度进行整体考量时，我们不应以财产本身为准，而应当衡量对纳税人自由和人格施展的限制强度。

首先，宪法基本权利的核心内涵"人之尊严"是一项重要标准。维护人之尊严是国家履行给付义务的最低标准，人之尊严不仅要求生存权得到保障，还包括了文化和精神层面的基本需求，人之尊严不可能成为实现其他任何宪法价值的牺牲品。既然人之尊严是国家必须保障的，那么人之尊严的物质基础当然就更不得遭受国家的主动侵害，纳税人在履行全部纳税义务后，其剩余资产必须能够满足实现人之尊严所需。在此，私有财产权可能会与生存权产生竞合。[2]

其次，如果说整体税负不得影响到实现人之尊严所需的物质基础是国家征税的绝对界限，那么纳税人能够实现个性化生活则是国家征税原则上的界限，至少全部税负绝对不得导致以劳动或投资方式获得收入的纳税人的经济自由空间小于或等于那些依靠国家给付生活的公民的经济自由空间。

再其次，私有财产权的保护强度一般随着私人资产的增长

---

[1]　当然无法否认，审查纳税人的全部税负并非易事，因为宪法审查的对象通常只是某一具体法律规范，而不是一系列法律规范共同作用的整体效果。如果若干合宪的法律规范共同作用带来的整体效果违宪，是否认定全部法律规范违宪？答案当然是否定的，但为了避免总税负超越宪法界限，在必要时可以通过立法减免纳税人的最后一项税负甚至规定征税额度的最高上限。Vgl. Dirk Ehlers, Eigentumsschutz, Sozialbindung und Enteignung bei der Nutzung von Boden und Umwelt, VVDStRL 51 (1992), S. 211ff.

[2]　参见韩大元、冯家亮："中国宪法文本中纳税义务条款的规范分析"，载《兰州大学学报（社会科学版）》2008 年第 6 期。

而减弱，经济上弱势群体的财产应受到特别保护。当某一低收入纳税人为了纳税必须牺牲某一财产时，对私有财产权的限制强度很大，在此可供选择牺牲的财产越少，效果就越接近征收。

最后，征税还要考虑纳税人的家庭情况[1]，比如不具备收入能力的未成年子女通常需要分享纳税人的资产。税法必须要在一定程度上担负起维护婚姻和家庭稳定的任务。

五、结语

国家征税权与私有财产权之间的关系不仅属于现代财政宪法和经济宪法的基本问题，还涉及了国家与社会的关系，对于公民权利的实现和国家机器的运行都具有重大影响。国家在强调纳税是公民义务并监督公民是否存在偷税漏税行为之前，应当首先反思该项税收是否合理。例如本文开头提及的房产税属于财产税范畴，根据本文分析的结果，针对满足个人基本生存所需的财产征税对于纳税人私有财产权的限制强度很大，需要格外慎重。而在遗产税问题上，亦如本文的分析，不应仅从缩小贫富差距等宏观角度进行审查，还应考虑到我国《宪法》第13条第2款和第49条第1款对继承权以及家庭的保护。

在我国，制定一部纳税人权益保护法的呼声日渐增高，越来越多的学者认为税法应从"征税之法"转变为纳税人的"权利保障之法"，这其实也正是宪法的要求。虽然纳税人权益保护与税收效率之间可能会产生冲突，但维护基本权利必然意味着在一定程度上牺牲效率，更何况长期来看，将纳税人的税负限制在合理范围内反而会促进经济增长并提高税收。只有长期维

---

〔1〕 Vgl. BVerfGE 93, 121（142）；Peter Selmer, Finanzordnung und Grundgesetz, AöR 1976, S. 437f；Hans-Jürgen Papier, Steuern und Abgaben, KritV 1987, S. 148, Fn. 35.

护私有财产权的私益，国家才能通过征税实现公益，长期运行在健康的轨道上。当然，在限制国家征税权的同时，必须限制国家不正当地从事经济活动，尤其要遏制当前的"土地财政"现象，否则限制征税权将迫使国家（更多）通过不正当从事经济活动创收，税收将不再是国家财政收入的主要来源，这将导致我们与租税国家、法治国家、市场经济和公民社会渐行渐远。

房地产税的宪法学思考

——以宪法财产权为核心

谢立斌[1]

内容摘要：房地产税立法应当符合宪法的要求，这主要意味着立法者不得突破《中华人民共和国宪法》（以下简称《宪法》）第13条第1款设定的界限。房地产税对公民私有财产的干预应当符合比例原则，即应当服务于正当目的，能够促进该正当目的实现，干预措施处于必要限度，并且不构成对公民财产权的过度负担。开征房产税可以服务于增加财政收入的目的，这一目的具有正当性；开征房产税能够有效促进这一目的的实现；与其他税收相比，房地产税对个人财产权的干预强度相同，在这种意义上具有必要性；房地产税不应导致房地产所有人承受过重的负担。因此，立法者在设定税率时应当确保税额不超过预期收益，否则房地产税的征收将产生逐步没收公民财产的效果，侵犯宪法财产权。

关键词：房地产税　宪法财产权　比例原则

我国于20世纪80年代开始探索房地产相关税种立法。1986

---

〔1〕　谢立斌，中国政法大学比较法学研究院/中德法学院教授。本文曾提交第八届中德宪法论坛，笔者感谢与会学者批评指正。

年国务院发布《中华人民共和国房产税暂行条例》（以下简称《房产税暂行条例》），对城市、县城、建制镇和工矿区的房地产开征房产税，但对个人所有的非营业用房予以免税待遇。1988 年，国务院发布《中华人民共和国城镇土地使用税暂行条例》（以下简称《城镇土地使用税暂行条例》），开征城镇土地使用税，同时规定个人住房用地享受免税待遇。2011 年，国务院修订《房产税暂行条例》，并同意在部分城市进行对个人住房征收房产税的改革试点，随后上海市和重庆市人民政府取消个人所有非营业用房的免税待遇，对个人住房的保有环节征收房产税。〔1〕2013 年 11 月，中共十八届三中全会通过《中共中央关于全面深化改革若干重要问题的决定》，提出"加快房地产税立法并适时推进改革"。2018 年，房地产税法列入全国人大常委会年度立法工作计划。李克强总理在 2019 年 3 月 5 日向全国人大所作政府工作报告中提出了要稳步推进房地产税立法。经过几十年的探索，我国相关立法的出台已经指日可待。

房地产税的制度建设引起了学界的关注，涌现了一批有价值的学术成果，学者们澄清了许多相关的理论和实践问题。〔2〕

---

〔1〕 2011 年 1 月 26 日，国务院第 136 次常务会议同意在部分城市进行对个人住房征收房产税改革试点；2011 年 1 月 27 日，上海市人民政府印发《上海市开展对部分个人住房征收房产税试点的暂行办法》，次日起施行；2011 年 1 月 27 日，《重庆市关于开展对部分个人住房征收房产税改革试点的暂行办法》和《重庆市个人住房房产税征收管理实施细则》发布，次日起施行。国务院、上海市人民政府、重庆市人民政府连续两天分别作出相应决策，说明沪渝改革试点是国务院统一安排部署的，试点目的是为国家层面的房地产税改革积累经验。

〔2〕 代表性论文参见张富强："关于我国物业税立法的基本构想"，载《法学家》2009 年第 1 期；参见郭维真、刘剑文："论房地产保有之税制改革——基于纳税人权利保护的视角"，载《税务研究》2010 年第 8 期；参见徐阳光："房地产税制改革的立法考量"，载《税务研究》2011 年第 4 期；参见刘剑文："房地产税改革正当性的五维建构"，载《法学研究》2014 年第 2 期。

但已有研究普遍从财税法层面展开研究，较少关注房地产税改革的宪法维度。然而，依法治国首先意味着依宪治国，这就要求任何制度建设都应当重视宪法层面的问题。党的十八届四中全会指出，坚持依法治国首先要坚持依宪治国，坚持依法执政首先要坚持依宪执政。习近平总书记也强调，我们就是在不折不扣贯彻着以宪法为核心的依宪治国、依宪执政，我们依据的是宪法。因此，我国房地产税改革必须高度关注其中涉及的相关宪法问题。在形式上，立法者务必遵守宪法关于立法权、立法程序等的规定；在实体上，立法者主要应当避免侵犯公民的基本权利。其中，房地产税构成了公民的经济负担，有可能侵犯《宪法》第13条保障的私有财产权，从这个角度来看，宪法财产权构成了对房地产税立法的限制。本文从宪法财产权的角度，对房地产税立法进行一些思考。下文首先对宪法财产权和法律财产权进行辨析，并将得出房地产税立法受到宪法财产权而不是法律财产权限制的初步结论；在此基础上，本文在比例原则的框架内，探讨宪法财产权对房地产税立法提出的具体何种要求。

一、宪法财产权对房地产税的限制

公民既根据《宪法》第13条享有宪法财产权，又根据《中华人民共和国民法典》（以下简称《民法典》）等法律享有法律层面的财产权（以下简称法律财产权）。那么，究竟是宪法财产权还是法律财产权构成对房地产税立法的限制呢？为了回答这一问题，以下我们简要梳理宪法财产权和法律财产权之间的区别和联系。

宪法对财产权的规定较为抽象，立法者根据宪法财产权，规定了各种法律财产权。首先，立法者在私法领域规定了适用于平等民事主体之间的私法财产权。所有具有经济价值的私法权利，都构成私法财产权。私法财产权保护个人财产不受他人非法侵犯。针对他人的侵犯行为，财产权人可以通过民事诉讼寻求法律救济。其次，在公法领域，立法者也根据宪法财产权，规定各种公法财产权。在现代社会，公民享有的很多经济利益作为公法权利受到法律保护，这些公法财产权对个人生计的重要性，往往并不低于私法财产权。例如，个人进入医疗、法律服务等行业，需要取得政府颁发的职业资格许可；开办企业需要取得经营执照。这些许可、执照无疑都具有经济价值，构成公法财产权并且受到法律保护。《中华人民共和国行政许可法》（以下简称《行政许可法》）等相关法律对公民合法持有的许可予以保护[1]，实际上肯定了公民对有关行政许可享有公法财产权。在社会法领域，包括退休金给付请求权在内的社会保障权利对维护个人生活具有重大意义，也属于公法财产权。在比较法上，行政许可和社会保障权利构成具体的宪法财产权，已经得到肯定。例如，驾驶执照作为行政许可，对个人的谋生活动往往具有重要意义，其在美国即构成了《美国宪法第十四修正案》（以下简称《第十四修正案》）意义上的财产而受到正当法律程序保护。[2]此外，美国最高法院在戈德伯格诉凯利案中指出，福利待遇是符

---

〔1〕《行政许可法》第8条第1款、第2款分别规定："公民、法人或者其他组织依法取得的行政许可受法律保护，行政机关不得擅自改变已经生效的行政许可。""行政许可所依据的法律、法规、规章修改或者废止，或者准予行政许可所依据的客观情况发生重大变化的，为了公共利益的需要，行政机关可以依法变更或者撤回已经生效的行政许可。由此给公民、法人或者其他组织造成财产损失的，行政机关应当依法给予补偿。"根据第1款，行政相对人持有的行政许可受到存续保障；根据第2款，行政相对人因行政许可变更或者撤回而受到损失的，有权得到补偿。这种保护机制遵守了财产权保护的逻辑，即原则上不得干预；而在有必要进行干预的情况下，应当予以补充。通过这一制度，个人持有的具有经济价值的行政许可事实上作为财产而受到保护。

〔2〕 402 U. S. 535（1979），539.

合条件的领取人的生活来源，作为财产权受到《第十四修正案》的保护。[1] 在德国，缴纳保险金之后取得的社会保障请求权作为宪法意义上的财产受到保护。[2]

由此看来，法律财产权包括私法财产权和公法财产权，是对宪法财产权的具体化，与宪法财产权在内容上具有一致性。但是，两者之间仍然存在一些不容忽视的区别。首先，两者位阶不同。法律财产权是法律规定的，而法律的位阶低于宪法。因此，不能将法律财产权混同于宪法财产权，否则将抹杀宪法和法律在位阶上的差别。其次，立法者不可能将宪法财产权完整全面地具体化为法律财产权，而是必然存在一些遗漏。在逻辑上，有一些经济利益作为宪法财产权受到保护，但尚未被具体化为私法或者公法财产权。对于这些经济利益，公民可以、也只能诉诸宪法财产权。[3] 最后，宪法财产权主要约束立法

---

　[1]　397 U. S. 254（1970），262.

　[2]　Vgl. BVerfGE 69，272，300；100，1，32；117，272，294.

　[3]　这一原理体现在凯撒·埃特纳诉美国案（Kaiser Aetna v. United States）中。444 U. S. 164（1979）。凯撒·埃特纳（Kaiser Aetna）在夏威夷拥有一片环绕一个湖的土地，这个湖与太平洋之间由一段沙滩隔开。根据夏威夷州的法律，凯撒·埃特纳作为湖周边土地所有人，对湖也有所有权。凯撒·埃特纳计划开发其环湖土地，并开挖一条渠道，将湖与太平洋连通，以便环湖房地产购买者可以从湖上驾船航行到太平洋。该建设方案获得了相关政府部门批准。然而，连通渠道建成后，政府认为这个湖已经成为可航行水域。根据司法判例，公众有权驾船进入任何适于航行的水域，因此，公众有权驾船从太平洋进出凯撒·埃特纳的湖。对凯撒·埃特纳而言，如果公众能够自由通行，湖面不再由购买环湖房地产者共同私有，那么，其房地产项目的吸引力将明显下降。凯撒·埃特纳认为，美国政府的行为剥夺了其作为财产权人享有的排除他人干预的权利，政府行为构成对其财产的征收，必须根据《美国宪法第五修正案》提供补偿。最高法院认为，凯撒·埃特纳可以合理期待其可以排他性地利用自己拥有的水域，政府只能通过征收的方式要求凯撒·埃特纳向公众开放有关水域。值得注意的是，凯撒·埃特纳的财产权并非来自法律的规定，而是直接来自宪法。这一判例揭示了一个在法律上没有得到认可、甚至被否定的经济利益，可以作为宪法财产权的客体而受到保护。

者，而法律财产权则约束行政权、司法权和私人主体。

那么，回到本文主题，房地产税立法受到私法财产权、公法财产权还是宪法财产权限制呢？可以肯定的是，私法财产权存在于平等民事主体之间的法律关系之中，只能对抗私人，而不能对抗立法权，因此私法财产权不构成对房地产税立法的限制。与私法财产权不同，公法财产权存在于公法关系之中，房地产税也涉及公法关系，那么，房地产税立法是否受到公法财产权的约束呢？答案仍然是否定的：房地产税和公法财产权都是由法律规定的，其规范依据具有相同位阶，房地产税立法与公法财产权立法相抵触时并不自然无效，而是适用《中华人民共和国立法法》（以下简称《立法法》）第 92 条[1]规定的特别法优先于一般法、后法优先于前法的规则解决法律冲突[2]。因此，公法财产权立法并不天然地高于房地产税立法，并不构成房地产税立法的限制。总而言之，作为法律层面的权利，私法和公法财产权都不构成房地产税立法应当遵守的界限。

既然法律层面的私法和公法财产权都不能约束房地产税立法，宪法财产权是否能够承担这一功能呢？私法和公法财产权不能限制房地产税立法的理由，对宪法财产权并不成立：宪法财产权约束公权力主体，而且其位阶高于法律，法律不得与宪法相抵触。因此，房地产税立法不得违反包括《宪法》第 13 条在内的任何宪法规范，宪法财产权构成了对房地产税立法不得逾越的边界。为了避免侵犯公民的宪法财产权，立法者必须确

---

〔1〕《立法法》第 92 条规定："同一机关制定的法律、行政法规、地方性法规、自治条例和单行条例、规章，特别规定与一般规定不一致的，适用特别规定；新的规定与旧的规定不一致的，适用新的规定。"

〔2〕这一理由也适用于私法财产权，即私法财产权立法和房地产税立法具有相同位阶，即便不考虑私法财产权只能对抗私人，私法财产权也并不构成对房地产税立法的限制。

保房地产税符合比例原则。根据比例原则，国家只能基于正当目的而干预基本权利，干预行为必须遵守比例原则的三项子原则即适当性原则、必要性原则与狭义比例原则。在以下四种情况下，房地产税都违反比例原则：一是房地产税所追求的目的不具有正当性；二是有关目的具有正当性，但这一措施不能够促进目的的实现；三是与其他同等有效的措施相比，房地产税并非是对公民权利限制最小的手段；四是房地产税构成对公民财产权的过度限制。一般认为，房地产税可以服务于增加财政收入、调节贫富差距、调控房价等目的，[1]下文考察国家为了增加财政收入而征收房地税是否具有正当性，以及何种制度设计才符合适当性、必要性和狭义比例原则的要求。

二、目的正当性

国家可否为了增加财政收入而开征房地产税？对这一问题的回答，应当考虑到现代国家的重要功能是提供国防、外交、治安、社会保障等大量公共产品（public good）。国家向个人提供的给付，贯穿了从摇篮到坟墓的整个人生旅程。公共产品具有高昂成本，理论上国家可以通过收费的方式筹集所需资金，但基于下述原因，采取收费方式并不可行。

公共产品在不同程度上具有非排他性，即在实行付费模式的情况下，要排除未付费者将面临不同程度上的困难。对于一些公共产品，国家可以通过相对简便易行、低成本的技术手段，

---

[1] 参见张守文："关于房产税立法的三大基本问题"，载《税务研究》2012年第11期；参见刘汉霞："再论我国房产税立法的目标定位与价值选择"，载《广东社会科学》2015年第5期。也有学者认为财产税有筹集财政收入、调节贫富差距、优化资源配置的功能，参见郝琳琳："财产税功能探析"，载《法学杂志》2010年第4期。

将非付费者排除在外。例如，修建高速公路之后可以设立收费站，只允许付费车辆上路。对于电视信号，原则上也可以通过加密的方式，只允许付费用户收看电视节目。相比之下，另外一些公共产品具有高度非排他性，无法有效排除未付费者享受给付。例如，警察维持公共交通秩序所带来的安全、高效等便利，为所有交通参与人共同享有，事实上无法仅限于向付费者提供这一利益。又如，以收费方式向海上船只提供灯塔导航服务，无法避免未交费船只搭便车。由此看来，如果国家提供某项公共产品时无法有效排除未付费者，就不应当采取收费模式，否则人们将进行利益计算，纷纷选择不付费而消费公共产品。

事实上，即使一项公共产品具有排他性，即能够有效排除未付费者进行使用，原则上也不应当采取收费模式。公共产品的一个显著特征是边际成本为零，即在增加使用者的情况下，国家提供公共产品的成本并不增加。如果采取免费模式，会有更多人使用公共产品，从而促进社会整体利益的最大化。仍然以高速公路为例，在不导致堵车的情况下，高速公路上增加通行车辆，高速公路的建设和运行成本并不增加。使用高速公路所带来的收益，首先由使用者享有，最终意义上则由全社会所享有。

既然国家无法通过收费方式来筹集向社会提供公共产品所需资金，征税就成为国家获取收入的主要途径。进入租税国家（Abgabenstaat）时代之后，通过征税来获得完成公共任务所需的大部分资金，已经成为各国通行做法。为了增加财政收入，原则上国家可以开征任何税收。从这个角度来看，房地产税所具有的增加财政收入的目的，是具有充分正当性的。

三、适当性原则

开征房地产税能够带来财政收入，由此看来，房地产税应该是符合适当性原则的。不过，反对者对这一结论提出如下质疑：房地产税是否能够达到增加财政收入的目的，应当根据一定的标准来判断。在我国地方政府尤其是省以下地方政府财力不足、普遍依赖出让土地获得财政收入的背景之下，房地产税应当成为地方税收的支柱，由此从根本上解决地方政府财力不足的问题。[1] 与此相应，房地产税是否符合适当性原则的要求，取决于房地产税能否成为地方政府的主要收入来源，带来与土地出让金收入大致相当的财政收入。就目前沪渝房产税改革试点的情况来看，房产税在两市的地方财政收入中不足1%，无法从根本上改善财政状况。[2] 因此，开征房地产税之后，其增加税收收入的效果也将比较有限，无助于实现增加财政收入的目的，从而与适当性原则相违背。

判断未来房地产税能否有助于增加财政收入、满足适当性原则的要求，还需要考虑两个因素。首先，沪渝两地的房产税改革试点中，征税范围都是非常有限的。在上海，只限于对新购第二套以上房产征税；在重庆，只对高端住房征税。如果取消这些限制，例如对所有超过满足基本居住需求的房产进行征税，则应税房产的总量将大幅度增加，从而带来更多财政收入。此外，迄今为止个人住房用地免于承担城镇土地使用税，如果取消这一免税待遇，也能够带来可观的财政收入。根据笔者掌握的信息，立法者目前优先考虑的方案，就是将个人住房应当承担的房产税和城镇土地使用税合并为房地产税，这种税收必然能够带来较高财政收入。其次，房地产税能否取代土地出让

---

〔1〕 参见熊伟："房地产税改革的法律逻辑"，载《税务研究》2011年第4期。

〔2〕 参见刘汉霞："再论我国房地产税立法的目标定位与价值选择"，载《广东社会科学》2015年第5期。

金收入、成为地方政府主要收入来源，并非判断房地产税是否符合适当性原则的标准。在比例原则的审查框架下，判断房地产税是否有助于增加财政收入，不得提出数量上的硬性要求。只要房地产税能够带来国家财政收入，无论所增加的财政收入具体数额有多少，就应当认为房地产税能够促进所追求目的的实现，符合适当性原则的要求。事实上，通过征收房地产税来缓解甚至解决地方政府财力不足的主张，本身的合理性存在疑问。地方政府财力不足的一个重要原因是我国分税制模式优先保障上级政府获得充足的财政收入，之后才考虑下级政府的财政需求。与此相应，政府级别越低，财力越弱。除此以外，上级政府向下级政府转移财政支出责任的做法，也导致下级政府尤其是省以下政府财务状况捉襟见肘，难以为继。[1]正是在税收收入不足的情况下，地方政府才纷纷通过出让国有土地来增加收入，以此作为填补缺口的权宜之计，这种做法显然不具有可持续性。既然地方财力不足的原因并非国家税收总收入太低、纳税人总体税负太轻，而是政府间财力和支出责任不匹配，那么要解决地方政府财力不足的问题，其根本出路在于完善政府间财政关系，特别是合理划分各级政府间财政事权和支出责任、合理配置财力，而不是简单通过开征新税种来解决。[2]事实

---

〔1〕 参见熊伟："房地产税改革的法律逻辑"，载《税务研究》2011年第4期。

〔2〕 不过，从时任财政部部长在《人民日报》发表的署名文章来看，我国未来可能同时采取完善政府间财政关系和拓展地方税的方式，来解决地方政府财力不足的问题。肖部长主张，一方面要合理划分中央和地方财政事权和支出责任，合理划分省以下各级政府财政事权和支出责任，防止上级政府随意向下级政府转移支出责任，加重后者负担。在确定财政事权和支出责任划分的基础上，再建立相应的中央和地方收入划分体系，并规范省以下政府间收入。通过这一方式，使得各级政府的财政事权和支出责任明确，并得到相应的财力保障；另一方面也要培育地方税源，建立稳定、可持续的地方税体系，特别是要拓展地方税的范围。参见肖捷："加快建立现代财政制度"，载《人民日报》2017年12月20日，第7版。

上，我国整体税负已经处于较高水平，近年来国家财政收入增长速度高于国内生产总值和居民收入增长速度，在这种背景之下，不应当再提高总体税负水平。[1]

总之，开征房地产税能够增加财政收入，无论其是否能够取代土地出让金而成为地方政府的主要税收来源，都符合适当性原则的要求。

四、必要性原则

房地产税必须符合必要性原则，即对于实现增加财政收入的目的，不存在对公民权利侵害更小而同等有效的其他手段。是否符合必要性原则，取决于房地产税与其他替代手段之间在侵害程度和有效性方面的比较。

为了增加财政收入，国家可以不征收房地产税，而是开征其他类型的税收。只要有关税收带来了与房地产税相同的财政收入，那么这种税收就是同等有效的，而不至于构成对房地产持有者财产权的干预。然而，这种做法将导致对其他群体的同等负担，从这个角度来看，开征其他税收并不构成比房地产税更加温和的手段。

另外一个似乎同等有效而侵害较小的手段，是提高个人所得税的税率，使得个人所得税收入增加部分等于开征房地产税将带来的财政收入。在这种情况下，个人用自己的收入来承担税负，而不是用自己的税后收入购置的房地产来承担税负。税前个人所得在国家和个人之间进行分配：个人所得税是个人所

---

〔1〕 参见徐建炜等："个人所得税改善中国收入分配了吗——基于对 1997 - 2011 年微观数据的动态评估"，载《中国社会科学》2013 年第 6 期；参见徐阳光："房地产税制改革的立法考量"，载《税务研究》2011 年第 4 期。

得中分配给国家的部分，只有税后收入才属于个人，才真正是"自己的"。鉴于个人所得税针对——有待在个人和国家之间分配的——个人所得，而不是针对个人的税后所得，因此对个人权利的干预程度似乎较低。与此不同，个人持有的房地产是个人用税后收入购置的，个人拥有的房地产从一开始就是在真正意义上"自己的"。对房地产征税，针对的是个人潜意识中认为真正属于自己的财产，因此，这构成了更大程度上的干预。由此看来，与开征房地产税相比，提高个人所得税税率似乎是同等有效、对公民财产权干预较轻的手段。

然而，基于两个理由，这一结论并不成立。首先，提高个人所得税税率，并非是同等有效地增加财政收入的手段。在实践中，不同类型的所得受到不同强度的监管。工薪所得的监管简便易行，辅之以代扣代缴等制度安排，几乎不存在偷漏税的空间。相反，国家要掌握公民获得非工薪所得的情况并征收所得税，面临种种困难。包括财产收益在内的非工薪收入虽然也应当承担个人所得税，但非工薪收入高度隐蔽，相应监管存在种种漏洞。在实践中，非工薪收入往往并不承担所得税税负，已经是公开的秘密。国家获得的个人所得税收入主要来自由单位代扣代缴的工薪阶层[1]，也进一步印证了这一点。鉴于目前国家对各种所得的监管能力不同，通过提高个人所得税的税率，必然只加重所得容易被监管群体的负担，获得隐蔽收入的群体却仍然能够充分利用监管漏洞，隐匿各种收入，逃避依法缴纳所得税的义务，从而达不到有效增加财政收入的目的。

其次，即便提高个人所得税税率能够增加相同数额的财政

---

[1] 参见马剑平："税负过重，还是税负不公?"，载《中国国情国力》2003年第1期；参见丛雅静："城镇居民收入差距与消费需求的关系研究——基于ECM模型"，载《调研世界》2014年第6期。

收入，纳税人的整体负担并没有减轻，因此这一手段不构成对纳税人侵害更小的手段。的确，个人所得税针对由个人与国家共享的所得，并不针对真正意义上属于个人的税后收入，而房地产税则针对个人通过税后所得所购置的财产，因此人们可能主观上认为房地产税对其权利侵害更大。但是，从理性角度来看，对纳税人权利的侵害程度取决于其承担的总税负，并不取决于国家开征何种税种。因此，与开征房产税相比，提高个人所得税税率导致的侵害强度是相同的。事实上，在针对高收入群体的个人所得税税率居高不下的情况下，进一步提高税率，纳税人心理上可能难以接受。相反，将总量相等的税负分散在获得收入、持有房地产等不同环节，避免出现过高的个人所得税税率，还有利于纳税人接受税收负担。

综上所述，征收房地产税符合必要性原则的要求。

五、狭义比例原则

房地产税还应当符合狭义比例原则（Verhältnismäßigke it i. e. S.）即禁止过度原则（Übermaßverbot）。这意味着，国家开征房地产税时，不得对纳税人的财产权进行过度干预，而是应当追求私人利益和公共利益之间的适当平衡。在这方面有两个问题需要关注：首先，在取得财产、持有财产、消费财产的三个环节中，国家已经在第一个和第三个环节分别征收个人所得税和消费税，那么继续在持有财产环节开征房地产税，是否构成重复征税，从而导致私人财产权受到过度干预？其次，征收房地产税时，立法者设定的税率越高，则税负越重，越有可能过度干预财产权。那么，为了确保不违反狭义比例原则，房地产税税率受到何种限制，以维持私人利益和公共利益之间的适当平衡？下文对这两个问题进行探讨。

（一）重复征税质疑

按照时间先后顺序，个人的经济活动可以分为取得财产、持有财产、消费财产三个阶段。在当前税制下，个人取得收入时缴纳个人所得税，在消费时承担增值税等流转税。目前，我国在持有财产阶段尚未普遍征税。卖房不交消费税，出卖人承担个人所得税，买受人承担契税；我国对于消费税的征税基本只集中于高档消费品、烟草以及高污染高耗能产品。如果在持有房地产环节还要缴纳房地产税，实际上对其同一收入，在三个不同阶段进行征税，似乎构成了重复征税，过度干预公民宪法财产权，有违狭义比例原则。[1] 由此看来，为了避免重复征税，立法者应当在财产的取得、持有和消费这三个环节中只选取一个环节进行征税。按照这一看法，国家应当取消财产取得环节或者消费环节的税收。但是，如果国家不但不取消财产取得或者消费环节的征税，却反其道而行之，继续在财产持有环节开征房地产税，其正当性似乎严重不足。

然而，基于以下三个理由，这种质疑是经不起推敲的。首先，如果只能在财产的取得、持有和消费三个环节之中选取一个环节进行征税，那么相应税率将非常高，这将强化纳税人偷漏税的动机，税收征管将面临不可克服的困难；其次，在三个环节都征税，本身也是具有内在合理性的。根据量能课税原则，国家应当根据纳税人的支付能力（Leistungsfaehigkeit）对其设定纳税义务。在取得、占有和消费财产的各个阶段，个人的支付能力以不同方式予以体现：公民收入越高，持有财产越多，消

---

[1]　陈征也指出，公民在获得财产已经纳税，再对该财产纳税征收财产税应当慎重。参见陈征："国家征税的宪法界限——以公民私有权为视角"，载《清华法学》2014 年第 3 期。有德国学者认为，国家同时在获得、持有和消费财产的三个阶段征税，缺乏正当性。Vgl. Hey, in: Tipke/Lang（Hrsg.）, Steuerrecht, 21. Aufl. 2013, § 3 Rdnr. 57.

费越多尤其是消费奢侈品越多，都表明其支付能力越强；国家根据有关行为体现出来的支付能力设定纳税义务，符合量能课税原则。实践中，在取得、持有和消费财产中一个以上环节征税，也是世界各国的普遍做法。[1] 最后，在两个甚至三个环节征税并不构成重复征税。所谓重复征税，是指就同一事由对公民征收一次以上的税收。例如，个人在取得收入时，如果需要在户籍所在地、收入发生地都缴纳个人所得税，就构成了对个人所得的重复征税，诸如此类的重复征税当然不具有正当性。但是，国家在取得、持有和消费财产环节对不同行为和事由分别设定纳税义务，并非多次针对同一行为和事由征税，不构成重复征税。

总之，公民取得财产、持有财产以及消费财产的行为，都表明公民有较强的支付能力。因此，虽然国家已经对公民取得财产、消费财产的行为设定了纳税义务，这并不排斥国家继续对持有财产的行为进行征税。在持有财产环节开征房地产税不构成重复征税，不构成过度干预公民财产权。

（二）税率的限制

虽然开征房地产税并不构成重复征税，但是鉴于由此带来的过重税负完全可能过度干预私有财产权，立法者必须确保税负不超过一定的界限。税负主要取决于税率，为了保证房地产税不构成对财产权的过度干预，立法者在设定税率时应当遵守一定限制。下文探讨房产税税率受到何种限制。

按照房地产税税负由轻到重的顺序，可能税率体现为从0%到100%的一个光谱，立法者在0%和100%之间选择适当的税率。在讨论何种税率水平符合狭义比例原则时，一个有意义的参考值为房地产收益所对应的税率。如果税率低于这一数值，

---

〔1〕 Vgl. Hey, in: Tipke/Lang（Hrsg.），Steuerrecht, 21. Aufl. 2013, § 3 Rdnr. 54.

则税额不超过房地产收益，房地产税实际上就构成了收益税（Ertragssteuer），即对房地产收益的征税，房地产所有人只需要将部分收益转移给国家；相反，如果税率高于这一数值，税额超过房地产收益，房地产所有人不仅需要将所有收益转移给国家，还需要动用房地产本身价值的一部分来纳税。那么，立法者设定房地产税税率时，是否必须确保税额不超过收益呢？

在比较法上，德国联邦宪法法院在1995年作出的一个财产税判例对我们有一定启发意义。在该案中，宪法诉愿人承担的包括财产税在内的各种税收总额超过其财产收益的一半，这就提出了税负是否过重，以致侵犯财产权的问题。对此，联邦宪法法院在判决中指出，根据德国自普鲁士以来的财产税传统，财产税的课税对象是财产的收益（Ertrag），而不是财产价值（Substanz）。如果财产税不考虑收益情况，直接以财产价值作为课税对象年复一年进行征税，就构成了"逐步没收"（schrittweise Konfiskation），这导致纳税人承受过度负担。[1] 因此，任何以纳税人的财产本身而不是其收益作为课税对象的财产税，原则上都是不合法的。只有存在极端紧急情形时，国家才可以对财产价值本身进行征税。例如，一战后德国根据凡尔赛条约承担了巨额赔偿义务，二战后德意志联邦共和国在一片废墟之上进行战后重建，就构成了这种意义上的例外情况。[2] 1995年联邦宪法法院审理此案时，德国并不存在类似极端紧急情形，因此不得对财产价值进行征税，财产税只能设计为一种收益税，否则违反《德意志联邦共和国基本法》

---

[1] Vgl. BVerfG v. 22. 6. 1995, 2 BvL 37/91, BVerfGE 93, 121, 137, DStR 1995, 1345 unter Verweis auf BVerfG v. 24. 7. 1962, 2 BvL 15/61, 2 BvL 16/61, BVerfGE 14, 221, 241, NJW 1962, 2003, auf BVerfG v. 31. 5. 1990, 2 BvL 12/88 u. a., BVerfGE 82, 159, 190, NVwZ 1991, 53 und die st. Rspr.

[2] Vgl. BVerfG v. 22. 6. 1995, 2 BvL 37/91, BVerfGE 93, 121, 138, DStR 1995, 1345.

（以下简称《基本法》）第 14 条第 1 款所规定的财产权保障。[1]

联邦宪法法院还指出，财产税税负不得超过财产收益的一半，并对此提出了如下论证：本质上，对财产收益课税，就是在财产权人和国家之间分配财产收益。考虑到《基本法》对私人财产权的保障，分配财产收益时必须保证纳税人能够在实质上享有其经济上的成功，原则上应当保障纳税人能够将收益用于私人用途。[2]基于这些考虑，联邦宪法法院提出了如下要求："在综合考虑收益、可抵扣的支出以及其他的免除额之后，只有在财产预期收益（Sollertrag）上的总税负使得国家最多取得一半财产收益的情况下，才可以在财产收益承担的其他税收之外，再征收财产税。"[3]根据这一判例，国家对

----

〔1〕 博肯菲尔德（Böckenförde）法官在该案中发表了反对意见（Sondervotum）。他认为，《基本法》规定了财产税，但并没有进一步作出详细规定，尤其是没有规定征税客体是财产价值还是财产收益。因此，立法者对财产税的客体、标准和幅度（Gegenstand，Maßgabe und Ausmaß），都可以根据政治判断作出决定。立法者既可以把财产税设计为针对财产本身价值的税收（Substanzsteuer），也可以设计为针对财产收益的税收（Ertragssteuer），这两种制度安排在宪法上都是正当的。国家征收财产税时，应当平等对待个人持有的财产和各种所得。将纳税人持有的能够产生收益的财产排除在财产税的课税客体范围之外，而只将其收益纳入课税对象范围，构成了对纳税人所持有财产的优待和对其他财产的歧视。薪酬所得、出售所得、租金所得等各种所得，和产生收益的财产一样，都是受宪法保护的财产，应当一视同仁。从文义、制宪历史、保障内容等角度来考查《基本法》第 14 条，都无法得出应当进行予以区分对待的结论。因此，将个人持有的、能够产生收益的财产排除在财产税的征税客体范围之外，只将其收益纳入财产税的征税客体范围，不具有充分的正当理由。Vgl. Böckenförde Sondervotum, BVerfGE 93, 121, Rn. 95。

〔2〕 Vgl. BVerfGE 87, 153, 169.

〔3〕 BVerfGE 93, 121, 138 = NJW 1995, 2615. 需要指出的是，半分原则并非必要的判决理由，而只构成附带陈述（obiter dictum），删除这部分内容，对判决主文的论证仍然是充分的。在这个判例中，焦点并非财产税的合宪性，也不是财产税税率应当多高的问题。联邦宪法法院认为，当时采用的应税价值计算方法使得不动产的应税价值被低估，受到优待，违反平等权条款的要求，因此违宪。BVerfG, NJW 2006, 1191 f.；Böckenförde, BVerfGE 93, 149, 150.

财产设定的税负不得超过财产收益的一半，以此确保财产权人能够享有一半以上财产收益，这一规则被称为"半分原则"（Halbteilungsgrundsatz）。[1]这个判例在德国学界引起了广泛讨论，有人赞同[2]，有人反对[3]。

联邦宪法法院主要从两个角度进行了论证，一是基于历史传统，财产税应当是收益税，而不是对财产价值本身的征税；二是对个人财产设定的税收负担不得超过财产收益的一半。如果这两点在我国也是成立的，那么将其运用于房地产税的制度设计，就意味着房地产税只能是对房地产收益进行的征税，并且其税额不得超过房地产收益的一半。那么，这两点在我国是否成立呢？

我国房地产税历史短，虽然国务院分别于 1986 年、1988 年公布了《房产税暂行条例》和《城镇土地使用税暂行条例》，除了沪渝两地从 2011 年起进行房地产税改革试点以外，我国至今没有对个人房地产征收房产税和城镇土地使用税。在沪渝两地试点中，也没有明确将房产税设计为针对房产收益的税收，而是把房产价值作为计税依据，这似乎体现了房产税针对房产价值本身，而不是针对房产收益课税的思路。由此看来，由于我

---

〔1〕 Vgl. BVerfGE 93, 121, 138; zuvor bereits P. Kirchhof, in: VVDStRL Bd. 39, 1981, S. 213, 226 ff.; die Perspektive weitend ders., in: Isensee/Kirchhof (Hrsg.), Handbuch des Staatsrechts der Bundesrepublik Deutschland, Bd. 5, 3. Aufl., § 118 Rdnr. 67.

〔2〕 Vgl. Seer, FR 1999, 1280 ff.; offengehalten bei Lang, NJW 2000, 457 ff.

〔3〕 Vgl. Weber-Grellet, BB 1996, 1415 ff.; Wieland, in: Ebling (Hrsg.), Besteuerung von Einkommen, DStJG Bd. 24, 2001, S. 29, 37 ff.; aus der Rechtsprechung BFH v. 17.7.1998, VI B 81-97, BStBl Ⅱ 1998, 671, DStR 1998, 1353; v. 11.8.1999, XI R 77/97, BStBl Ⅱ 1999, 771, DStR 1999, 1845; v. 18.9.2003, X R 2/00, BStBl Ⅱ 2004, 17, DStRE 2004, 33; v. 1.3.2005, Ⅷ R 92/03, BStBl Ⅱ 2005, 398, DStR 2005, 727; siehe auch BVerfG v. 22.6.1995, 2 BvL 37/91, BVerfGE 93, 121, 149 ff., DStR 1995, 1345 (Sondervotum Böckenförde).

国不存在只对房产收益而不对房产价值本身进行征税的传统，德国将财产税设计为收益税的传统，对我们没有借鉴意义，我们不能像德国联邦宪法法院那样从历史传统推导出只能对房地产收益征税的结论。

值得注意的是，德国联邦宪法法院不仅立足传统来论述财产税只能是收益税，同时也指出，如果对财产的本身价值进行征税，长期下来则构成了逐步没收。这一论证提示我们探讨如下问题：如果我国的房地产税税率较高，导致税额超过了房地产收益，是否构成部分没收，从而侵犯财产权呢？为了回答这个问题，有必要回顾我国宪法对财产权的保护。我国《宪法》第 13 条第 1 款规定了财产权的存续保障，保护公民能够持有并利用其财产。当然，任何权利都受到限制，私有财产权也不例外。在公共利益需要的情况下，可以对私有财产进行限制。在进行限制时，应当按照比例原则的要求在私人利益和公共利益之间进行平衡。进行平衡的要求，充分体现在《宪法》第 13 条第 3 款对财产征收征用的规定中：一方面，该款规定了国家可以对公民的财产进行征收征用；另一方面，国家征收征用公民私有财产必须满足严格的条件，即只能为了公共利益的需要，必须有法律依据、并且必须根据法律进行补偿。在符合这些严格条件的情况下，国家可以征收公民的财产，公民丧失财产权的同时得到相应的经济补偿。

那么，在房地产税税额超过收益的情况下，私人利益和公共利益是否处于平衡状态？在这种情况下，鉴于房地产收益不足以支付房地产税，公民不仅要将全部房地产收益让渡给国家，还需要动用其他可支配财产，以筹集不足部分的税款，这就意味着房地产本身价值的一部分也无偿转移给国家。例如，如果房地产税税率为 1%，房地产的收益相当于房地产价值的 0.5%，那么通过房地产税，国家在获得全部房地产收益之外，每年还没收公民房地产价值的 0.5%。公民每年缴纳一次房地产税，长期下来，房地产税的征收就构成了对房地产的逐年部分没收。甚至，在纳税人没有其他财产可用于支付税款的情况下，只能变卖房地产筹集税款。

《宪法》第 13 条第 3 款对国家取得私有财产设定了很高的要求。根据该款规定，即便出于公共利益需要、有法律依据，国家也不能无偿取得公民的财产，而是要提供补偿。从宪法保护公民私有财产的宗旨出发，国家征收征用公民财产时应当提供足额补偿。如果国家能够设定高于房地产收益的房地产税，从而每年都无偿取得公民的部分房地产价值，这无疑违反《宪法》第 13 条第 3 款的内在逻辑。从目的解释的角度来看，无法想象宪法在禁止国家通过无偿征收而取得公民私有财产的同时，却允许国家通过税收的方式，每年无偿取得公民房地产的部分价值。综上所述，国家在设定房地产税税率时，应当确保税额不超过收益，即只能对收益进行征税，否则国家在取得全部收益之外，还对公民房地产价值进行逐步没收，这将侵犯公民私有财产权。

作为房地产税税额上限的收益，应当为实际收益还是预期收益？实际收益是房地产所有人实际获得的收益扣除实际维护成本之后的金额，预期收益则是通常情况下能够获得的收益扣除正常维护成本之后的金额。如果房地产实际收益构成上限，则个人在没有取得收益的情况下无需承担房地产税。从这个角度来看，立法者设定税率时，似乎应当将房地产实际收益作为房地产税税额的上限。然而，基于如下三个理由，应当将预期收益作为税额上限：首先，以实际收益为上限的话，在实践中不具有可操作性。在设定税率时，立法者只能统一对所有情况进行规范，不可能针对千差万别的个案进行区分对待。房地产的预期收益相对客观，容易确定，而实际收益则各不相同。因此，根据预期收益来设定房地产税税率具有可操作性。其次，以预期收益作为税额上限，能够促进房地产所有人履行社会义务，将其非自住房地产用于租赁，满足他人的居住需求。如果实际收益构成了税额上限，那么在本可通过租赁等方式获得收益的情况下，房地产所有人可能会决定对其予以闲置，以避免承担纳税义务。由于房地产租赁市场上的供应有限，无法快速增加，在较少房地产进入租赁市场的情况下，供求关系将趋向紧张，对租房者产生消极影响。相反，如果立法者将预期收益作为税额上限，房地产所有人在没有实际收益的情况下也需要承担房地产税。这种制度安排能够促使人们积极通过租赁等方式获取收益并用这一收益来承担税负。最后，从量能课税原则来看，要求闲置房地产的个人承担房地产税，也具有充分的正当性。通常情况下，经济状况较差的房地产所有人会争取获得尽可能高的实际收益，经济状况好的房地产所有人则没有相应动机，怠于通过经营行为获取收益。从房地产闲置行为能够推导出房地产所有人具有较强支付能力，对其设定税收义务是正当的。

总而言之，为了避免侵犯财产权，立法者设定房地产税税率时应当确保房地产税不超过房地产预期收益。[1]原则上，房

---

[1] 类似观点参见陈征："国家征税的宪法界限——以公民私有财产权为视角"，载《清华法学》2014年第3期。他认为，就财产税而言，如果征税对象具有收益能力，国家原则上只能针对财产经营成果进行征税。将这一观点适用于房地产税这一特殊的财产税，能够得出与本文类似的结论。不过陈征认为，"私有财产权还保障了财产所有者不利用其财产从事营利活动的自由"，由此似乎可以推导出一个结论，即只能对实际收益征税。在这一点上，本文持不同意见，主张应当对预期收益征税。如正文中所述，在房地产具有收益能力、所有人却放弃进行经营行为以取得收益的情况下，恰恰证明其具有较强的税负承担能力（"不差钱"），对其课税符合量能课税原则。

地产税税额占到房地产预期收益的比例越高，则房地产税需要的正当化理由越充分，否则违反我国《宪法》第 13 条对私有财产的保障。

六、结论

综上所述，为了增加财政收入开征房地产税，其目的是正当的，也符合适当性和必要性的要求。根据狭义比例原则，房地产税不应构成对公民财产的逐步没收，因此立法者不应规定导致房地产税税额超过预期收益的过高税率。

需要说明的是，房地产税还具有调节贫富差距、调控房价的功能。理论上我们还需要分别分析以这两个目的开征房地产税是否符合比例原则。这两个目的的正当性是毋庸置疑的，但是，这种情况下是否符合适当性原则[1]和必要性原则的要求，存在一定疑问，从而有可能因此违反比例原则。即便为这两个目的开征房地产税符合适当性原则和必要性原则，在审查其是否符合狭义比例原则的时候，基于前述原因，仍然将得出房地产税的征收数额不应超出预期收益的结论。

---

〔1〕 例如，对开征房地产税能够调控房价的观点，有学者进行了如下反驳：在税率较低的情况下，开征房地产税不能明显增加投机交易的成本，从而不足以影响投机者的决策。在房地产供不应求的情况下，即便税负较高，投机者也可以把税负转嫁给买方，从而导致房价进一步上涨。参见徐宁、吴福象："我国房产税试点的绩效评价与政策优化研究"，载《上海经济研究》2012 年第 4 期；参见畅军锋："房产税试点以来对房价影响之实证分析与探讨"，载《经济体制改革》2013 年第 5 期；参见刘剑文："论房地产税法的功能定位"，载《广东社会科学》2015 年第 5 期。也有学者指出，房价上涨的重要原因之一是供求关系失衡。地方政府为了获得高额土地出让金而限制土地供应量，同时又不提供充足的保障性住房，从而使得中低收入者与高收入者都在市场上购买供应不足的房地产。参见熊伟："房地产税改革的法律逻辑"，载《税务研究》2011 年第 4 期。